供电企业刑事法律
案例分析与风险防范

刘慧　编著

中国电力出版社
CHINA ELECTRIC POWER PRESS

图书在版编目（CIP）数据

供电企业刑事法律案例分析与风险防范/刘慧编著． —北京：中国电力出版社，2020.3
（2022.9重印）
ISBN 978-7-5198-4091-4

Ⅰ．①供…　Ⅱ．①刘…　Ⅲ．①供电－工业企业－刑法－案例－中国
Ⅳ．①D922.292.5

中国版本图书馆 CIP 数据核字（2019）第 287023 号

出版发行：中国电力出版社
地　　址：北京市东城区北京站西街 19 号（邮政编码 100005）
网　　址：http://www.cepp.sgcc.com.cn
责任编辑：王　欢
责任校对：王小鹏
装帧设计：郝晓燕
责任印制：钱兴根

印　　刷：三河市百盛印装有限公司
版　　次：2020 年 3 月第一版
印　　次：2022 年 9 月北京第二次印刷
开　　本：710 毫米×1000 毫米　16 开本
印　　张：12.75
字　　数：187 千字
定　　价：45.00 元

法律是道德的底线，而刑法是所有法律的底线，是所有法律的保障法。遵守刑法是每个公民应尽的义务，也是每一位供电企业人的职业底线。

供电企业关系国家能源安全和国民经济命脉，安全生产责任重于泰山。供电企业也是重要的国有企业，预防供电企业职务犯罪工作是惩治和预防腐败的一项重要内容。集体企业合法、合规经营的重要性更是不容小觑。安全生产、廉洁从业、经营管理的刑事法律风险防范，是保障国有供电企业安全生产和有序经营的重要内容。

这本书，与已出版的《县级供电企业常见法律纠纷案例评析（营销、农电类)》《供电企业常见法律纠纷案例评析(人资管理类)》《供电企业常见法律纠纷案例评析（招标投标、合同管理类）》同属一个系列。其余三本书侧重于与供电企业关联性较大的民事法律案例分析，本书则从刑事的角度，辨识供电企业在安全生产、经营管理、廉洁从业方面可能存在的法律风险。

规范做好日常的每项工作，是预防事故和防范刑事责任风险的唯一途径。本书第一章对供电企业的主体性质和各类用工身份作了分析识别。第二章对供电企业安全生产涉及的刑事法律风险作了分析。本书第三章、第四章所列的经营管理类、廉洁从业类案例，来自供电企业的案件并不多，说明供电企业风气相对较正，但并不意味着没有廉洁从业的风险。职务犯罪除贪污、受贿类犯罪是知法犯法外，其他如经营管理重点分析的玩忽职守、滥用职权类案例，当事人大多在一种迷糊的状态下，不自觉地触犯了法律的高压线。法律的严苛在于，并不因为涉事人不知而减轻处罚。所以，把这些案例和法条都列出来，有助于企业和个人都达成政治上、法律上、经济上的安全。本书第五章就供电企业常见纠纷所涉及的刑事法律问题作了案例分析和应用参考。供电企业如遇不法侵害，也应当及时报案，寻求司法支持。合理合法地运用法律武器，有助于供电企业捍卫权利，顺利解决纠纷。

　　本书所摘取的案例均来自可公开查询的"裁判文书网"。为了节省阅读时间，编者对这些案例逐一浓缩简介，便于供电企业的非法律人士顺利阅读。案情简介在保留有借鉴意义的案情细节的前提下尽量简化，以便读者能够用最少的精力获得最大的信息。即使没有时间阅读其他分析类的内容，仅仅当作看故事一样看一遍案例，也可形成大致的防范体系，树立起政治、经济、经营的安全防线。此外，为了便于读者更详尽地了解案情的来龙去脉，每个案例都标明了案号。如果认为案情简介不够到位，可以通过网络查找到判决书，详尽了解案件细节。另外，因为篇幅的限制，还有很多案例未收入。读者如果有需要，可以另向编者索取。

　　希望书中的案例和分析，能对供电企业加强安全生产、经营管理、党风廉政的基础管理有所裨益。浮华之下，应有沉静的力量。不管在哪个岗位，编者都将一如既往地系统学习、深入研究，继续观察、收集和整理，为可爱而又忙碌的同事们，献上更加简明、适用的法律操作和指引手册。也欢迎读者与编者交流。

　　限于编者水平，本书的疏漏与不足之处，敬请读者批评指正。

刘　慧

2019 年 7 月

目 录

前言

第一章　概　　述

第一节　供电企业的主体性质识别

中国电力工业具有 140 多年的历史。1949 年中华人民共和国成立后，电力工业管理体制历经多次变化，经燃料工业部、电力工业部、水电部、能源部，到 1993 年成立电力工业部。

一、传统供电企业为国有企业、国有公司

1997 年，国家电力公司按照有关法律法规和政企分开等原则组建，由国务院出资设立，采取国有独资的形式，是经营跨区送电的经济实体和统一管理国家电网的企业法人，按企业集团模式经营管理。国家电力公司不具有政府行政管理职能。

2002 年，《电力体制改革方案》（国发〔2002〕5 号）发布，明确重组电网资产，设立国家电网公司、南方电网公司和区域电网公司。随着国资国企改革的推进，国有企业改制为国有有限责任公司，全国三大电网公司延续至今：

（一）国家电网有限公司

国家电网有限公司经营区域覆盖 26 个省（自治区、直辖市），覆盖国土面积的 88% 以上，供电服务人口超过 11 亿人。公司注册资本 8295 亿元，资产总额 38088.3 亿元，稳健运营在菲律宾、巴西、葡萄牙、澳大利亚、意大利、希腊、中国香港等国家和地区的资产。国家电网有限公司连续 13 年获评中央企业业绩考核 A 级企业，2016～2018 年蝉联《财富》世界 500 强第 2 位、中国 500 强企业第 1 位，是全球最大的公用事业企业。

（二）南方电网有限责任公司

南方电网有限责任公司经营区域覆盖广东、广西、云南、贵州、海南五省区，供电面积 100 万平方公里。供电服务人口 2.54 亿人。南方电网与香港、澳门地区以及东南亚国家的电网相联，2018 年向香港输送的电量占其用电量的 25%，向澳门输送的电量占其用电量的 88.8%。南方电网有限责任公司连续 14 年入围全球 500 强企业，2018 年位列第 110 名。

（三）内蒙古电力（集团）有限责任公司

内蒙古电力（集团）有限责任公司是内蒙古自治区直属唯一国有独

资特大型电网管理企业，负责建设运营自治区中西部电网，供电区域 72 万平方公里，承担着除赤峰、通辽、呼伦贝尔、兴安盟之外自治区其余 8 个市（盟）工农牧业生产及城乡 1388 万居民生活供电任务。内蒙古电力（集团）有限责任公司在中国企业 500 强榜单中名列第 252 位。

2002 年电力体制改革破除了电力行业独家办电的体制束缚，改变指令计划体制、政企不分、厂网不分等问题，初步形成电力市场主体多元化竞争格局，但售电侧有效竞争机制尚未建立。

二、电力体制改革后供电企业资本结构多元化

为顺应市场化改革的趋势，2015 年 3 月 15 日，中共中央、国务院印发了《关于进一步深化电力体制改革的若干意见》（中发〔2015〕9 号），按照"管住中间，放开两头"的改革思路，按照"三放开、一推进、三强化"路线，有序放开输配电以外的竞争性环节电价，有序向社会资本放开配售电业务，有序放开公益性和调节性以外的发用电计划；推进交易机构相对独立；强化政府监管、强化电力统筹规划、强化电力安全高效运行和可靠供应。其中，售电侧市场化改革是本次深化电力体制改革的核心和关键，同时与电价改革、交易体制改革、发用电计划改革等协调推进，推动有效竞争的市场结构和市场体系的形成。

在配售电环节引入竞争性的民营资本，还原了电力的商品属性，赋予用电自由选择权，也意味着供电企业的资本性质多元化。涉及供用电的企业主要有三类：电网企业，是指投资、建设、运营和维护输配电网，负责电网调度运行，提供输配电服务，向其供电营业区用户提供供电服务，并从事售电业务的企业；供电企业，是指拥有电网资产，取得"电力业务许可证（供电类）"，在批准的供电营业区内向用户提供供电（含售电）服务的企业；售电企业，是指通过电力市场进行电力交易，向用户提供售电服务的企业。以上三类企业均有可能引进竞争性资本。

本书仅分析国有供电企业的刑事法律风险识别及防范。

三、集体企业的性质认定

全国各地供电企业业务相关的各类建设、制造、销售、服务企业的形成历史和资本组成各不相同，其资本性质的认定也应视实际情况而有

所不同。编者找到两个判决案例予以对比说明，供读者参考。

一是认为由工会出资的集体企业无国家资本。参考（2018）渝 04 刑终 19 号，法院认为，某电气有限责任公司于 1999 年 6 月 25 日由某供电公司职工出资成立，注册资本 2000 万元，经营范围为：送变电工程（三级）、混泥土预制构件（三级）、电气设备及材料销售、电杆生产销售、境内劳务输出、物业管理、社区家政服务、餐饮服务。某商贸中心系 2010 年 11 月 19 日由供电公司工会出资 30 万元成立的集体经济，经营范围为：销售电气设备、五金、交电、办公设备、计算机及耗材、电力工程咨询服务。2016 年，根据国家电网公司关于集体企业改制的相关要求，商贸中心借资 2000 万元收购某电气有限责任公司，将职工所持股份退还。法院认为，某电气有限责任公司的前身是职工持股企业，之后被集体企业收购，该公司并无国家资本，不属于国家出资企业。

二是农电服务公司性质为国有企业。参考（2018）浙 0604 刑初 705 号，法院认为，农电供电服务公司由县级供电企业出资设立或全资控股，性质为国有。从供电公司提供的业务委托协议、业务委托结算单、增值税专用发票、费用报销单等材料及向银行调取的某农电公司的银行账户明细可以证实供电公司将营销、运检辅助业务委托给农电公司。除上述资金外，农电服务公司账户内无其他入账资金，判定农电服务公司的运营资金是供电企业发包或拨付并要求专款专用的国有资金。

四、参股、控股公司的性质认定

根据最高人民法院、最高人民检察院《关于办理国家出资企业中职务犯罪案件具体应用法律若干问题的意见》第七条规定，国家出资企业，包括国家出资的国有独资公司、国有独资企业，以及国有资本控股公司、国有资本参股公司。不清楚是否属于国家出资企业的，应遵循"谁投资、谁拥有产权"的原则进行界定。企业注册登记中的资金来源与实际出资不符的，应根据实际出资情况确定企业的性质。企业实际出资情况不清楚的，可以综合工商注册、分配形式、经营管理等因素确定企业的性质。

可见，参股、控股公司的性质由资金来源的性质决定。

第二节　供电企业的员工身份识别

一般而言，犯罪之成立与行为人的身份无关，凡是符合法律规定的基本条件的自然人，都可以成为犯罪主体。但在有些犯罪中，则要求行为人必须具备一定的身份才能构成犯罪，或者行为人因具备一定的身份而影响到刑罚的轻重，这类犯罪即为身份犯。

供电企业用工性质较为复杂。员工身份识别的重点在于：供电企业员工是不是"国家工作人员"。

一、"国家工作人员"和"国家机关工作人员"身份识别的法律依据

《刑法》

第九十三条　【国家工作人员的范围】本法所称国家工作人员，是指国家机关中从事公务的人员。

国有公司、企业、事业单位、人民团体中从事公务的人员和国家机关、国有公司、企业、事业单位委派到非国有公司、企业、事业单位、社会团体从事公务的人员，以及其他依照法律从事公务的人员，以国家工作人员论。

最高人民检察院《关于渎职侵权犯罪案件立案标准的规定》附则（三）

本规定中的"国家机关工作人员"，是指在国家机关中从事公务的人员，包括在各级国家权力机关、行政机关、司法机关和军事机关中从事公务的人员。在依照法律、法规规定行使国家行政管理职权的组织中从事公务的人员，或者在受国家机关委托代表国家行使职权的组织中从事公务的人员，或者虽未列入国家机关人员编制但在国家机关中从事公务的人员，在代表国家机关行使职权时，视为国家机关工作人员。在乡（镇）以上中国共产党机关、人民政协机关中从事公务的人员，视为国家机关工作人员。

二、与供电企业签订劳动合同的员工身份上可以成为"国家工作人员"

国家工作人员包括四类：

一是国家机关工作人员。1997年之后国家电力公司即不具有政府行政管理职能。供电企业是"国有独资企业",不符合这一条。

二是国有公司、企业、事业单位、人民团体中从事公务的人员。国有公司,是指公司财产属于国家所有的公司及国家控股的股份公司。国有企业,是指财产属于国家所有而从事生产性、经营性的企业。国有事业单位,是指国家投资兴办并管理,从事科研、教育、文化、体育、卫生、新闻、广播电视、出版等活动的单位。人民团体,是指各民主党派、工商联、各级青、工、妇等人民群众团体。供电企业是"国有企业",经过公司制改组后,则为"国有公司",国有供电企业或供电公司的主业人员作为国有企业或国有公司从事公务的人员,符合"国家工作人员"的身份要件。

三是国家机关、国有公司、企事业单位委派到非国有公司、企业、事业单位、社会群体从事公务的人员。"委派",是指委任和派出。受委派从事公务的人员,无论其先前是否具有国家工作人员身份,只要具有合法被委派的身份,即应视为国家工作人员。国有供电企业的集体企业人员,作为国有供电企业委派到非国有公司或社会群体中从事公务的人员,也符合"国家工作人员"的身份要件。

四是其他依照法律从事公务的人员,以国家工作人员论。这类人员是指除上述三类人员外,其他一切依照法律规定在国家机关、国有单位职能管辖、管理范围内从事公务的人员。如:非国家工作人员因受国家机关、国有单位的合法委托而从事公务的人员;全国人民代表大会和地方各级人民代表大会中原本不是国家工作人员的代表,如原本是工人、农民、演艺员、运动员、专职教师、专职科技人员、个体经商户等人民代表;人民法院的陪审员、人民检察院的特邀检察员、监察部门的特邀监督员等。

综上所述,与国有供电企业或公司签订劳动合同的各类工作人员,均可以成为《刑法》上的"国家工作人员"。

三、农电工和派遣制员工的身份识别

(一)劳务派遣人员不属于国家工作人员

关于劳动派遣人员的身份识别,应从正确理解"委派"含义开始。

这里的委派应具有下列条件：①委派的有效性，即委派必须由国有企业出面，明确表示委派的意思。而不是私人委派。委派的方式，一般以书面的形式，在特定的情况下，也可以用口头的形式，并且要得到受委托人的承诺。②委派的合法性，即委派的单位只能在其合法性权利范围内进行委派，如果超越委派权限，这种委派就不具有合法性，受委派的人就不能为国家工作人员。③委派的隶属性，受委派人员接受委派人的领导、管理、监督。④委派的特定性，委派的内容仅限于委派人到非国有单位代表委派的国有单位从事公务活动即从事领导、监督、管理等活动，而不是直接从事生产、劳动、服务等劳务活动。如果受委派人从事的是劳务劳动，则受委托人不是国家工作人员。由此可见，劳务派遣人员仅派遣的是劳务，不应以国家工作人员论。

（二）与国有资产性质的农电公司签订劳动合同的农电工为国家工作人员

如案例（2018）浙 0604 刑初 705 号，电力系统以前有一批农电工，这些农电工分散在各个乡镇供电所，以劳务派遣工的名义到供电所工作。农电体制改革后，为解决这些农电工的编制问题，让农电工有归属感，供电企业成立专门开展农电业务的农电服务公司，将这些农电工挂在农电服务公司名下。农电服务公司的资本是国有资本，因此农电工应视为国家工作人员。

（三）关联集体企业直签员工的身份因资本性质不同而不同

如上一节分析的案例（2018）渝 04 刑终 19 号，法院认为，某电气有限责任公司并无国家资本，不属于国家出资企业。因此其设计室副主任吕某在某电气公司所任设计工作不是与职权相联系的公共事务以及监督、管理国有财产的职务活动，即不是从事公务，因此，吕某不符合受委派从事公务的条件，其在某电气公司的任职不属于国家工作人员。

（四）村电工的身份因管理体制不同而不同

各地农村电工的管理体制不尽相同。如果把农村抄表催费和巡视检查工作作为劳务发包给有资质的劳务公司，再由劳务公司雇佣人员完成业务，则同上一点分析，劳务公司雇佣的人员与供电企业没有劳动关系，如果雇佣人员贪污电费等，则不能以国家工作人员的贪污罪论处。但如果供电企业直接与某个人签订劳动合同从事农村抄表催费和巡视检查工作，则该个人在从事农村抄表催费和巡视检查行为时，视为国家工作人员。

四、国有参股、控投公司员工只有受委派从事公务才是国家工作人员

根据 2001 年 5 月 26 日最高人民法院《关于在国有资本控股、参股的股份有限公司中从事管理工作的人员利用职务便利非法占有本公司财物如何定罪问题的批复》，在国有资本控股、参股股份有限公司中从事管理工作的人员，除受国家机关、国有公司、企业、事业单位委派从事公务的以外，不属于国家工作人员。

五、识别供电企业员工身份的重要意义

为什么要对供电企业工作人员是否属于国家工作人员的身份性质作特别的认定，是因为国家工作人员是《刑法》中一个极为重要的特殊犯罪主体，它影响着侦查机关的管辖分工，关系到如何定罪量刑的问题。

1. 身份影响定罪

以主体是否要求以特定身份为要件，自然人犯罪主体分为一般主体与特殊主体。《刑法》规定不要求以特殊身份作为要件的主体，称为一般主体；以特殊身份作为要件的主体，称为特殊主体。例如，叛逃罪的主体必须是国家机关工作人员，因此，如果行为人不是国家机关工作人员，其行为就不可能成立叛逃罪。同是窃取或者骗取公共财物的行为，具有国家工作人员身份且利用其从事公务的便利实施者构成贪污罪，无此等身份的人则一般只能构成盗窃罪或诈骗罪。

2. 身份影响量刑

量刑身份，即影响刑事责任程度的身份，又称为影响刑罚轻重的身份。它是指按照《刑法》的规定，此种身份的存在与否虽然不影响刑事责任的存否，但影响刑事责任的大小，在量刑上，是从重、从轻、减轻甚至免除处罚的根据。如包含窃取、骗取行为的国家工作人员贪污罪的刑罚，重于一般主体的盗窃罪、诈骗罪的刑罚；军人战时造谣惑众罪的刑罚，重于非军人战时造谣扰乱军心罪的刑罚；国家机关工作人员身份是诬告陷害罪从重处罚的依据等，充分说明了界定自然人身份的重要意义。

第三节 国有企业员工可能承担刑事责任的主要类型

刑事责任是指犯罪人因实施犯罪行为应当承担的、按刑事法律的规定追究的法律责任，包括主刑和附加刑两种刑事责任。

一、普通国有企业职务犯罪的主要类型

检察机关直接管辖的 53 种国家工作人员职务犯罪，可划分为三大类。

一是《刑法》第八章规定的贪污贿赂犯罪，15 个条文，规定了 12 个罪名，包括贪污罪、挪用公款罪、受贿罪、单位受贿罪、行贿罪、对单位行贿罪、介绍贿赂罪、单位行贿罪 、巨额财产来源不明罪、隐瞒境外存款罪、私分国有资产罪、私分罚没财物罪。

二是《刑法》第九章规定的渎职罪，23 个条文，规定了 34 个罪名，包括滥用职权罪、玩忽职守罪 、枉法追诉裁判罪、国家工作人员签订、履行合同被骗罪等。

三是侵犯公民人身权利民主权利的犯罪，有 7 个，包括国家机关工作人员利用职权实施的非法拘禁罪、国家机关工作人员利用职权实施的非法搜查罪等。

职务犯罪侵害国家对职务活动的管理职能。职务犯罪主要有三种形式：一是利用职务之便；二是滥用职权；三是严重不负责任，不履行或不正确履行职务。

二、供电企业员工可能涉及刑事责任的主要类型

除了国有企业工作人员作为"国家工作人员"可能涉及的职务犯罪外，供电企业作为关系国民经济命脉的企业，肩负着安全生产的重要责任，因此还可能触及安全生产方面的刑事责任。结合供电企业的实际情况，编者搜索了"裁判文书网"的大量案例，总结出供电企业人员可能承担的三大类刑事责任。

（一）安全生产类

安全生产可能触犯的刑事责任主要是《刑法》第二章"危害公共安全罪"。危害公共安全罪作为概括性罪名，共包含 47 个罪名，其中过失造

成重大责任事故的犯罪共 13 个，与供电企业可能相关的有重大劳动安全事故罪，重大责任事故罪，强令违章冒险作业罪，不报、谎报安全事故罪，工程重大安全事故罪，大型群众性活动重大安全事故罪等。另外还有因安全生产而特别规定的玩忽职守罪。七个罪名中，供电企业可能涉及的以玩忽职守罪和重大责任事故罪为多。编者在裁判文书网以"触电＋供电所＋玩忽职守罪"为关键词，搜索出的信息有 70 余条；以"供电公司＋违章＋重大责任事故罪"为关键词搜索出的信息近 100 条，排除搜索的重复性等因素，相关刑事案件应在两位数。

以上 7 个安全生产类的刑事责任均为结果犯，即不仅要有实施具体犯罪构成客观要件的行为，而且必须发生法定的犯罪结果才构成既遂的犯罪。如重大责任事故罪要在生产、作业中违反有关安全管理的规定，发生了重大伤亡事故或者造成其他严重后果时才成立。

（二）经营管理类

供电企业经营管理可能涉及的刑事责任主要是妨害对公司、企业的管理秩序罪。妨害对公司、企业的管理秩序罪是一个概括性罪名，是指违反公司、企业管理法规，在公司、企业的设立、经营、清算过程中妨害公司、企业的管理秩序的行为，主要包括虚报注册资本罪，虚假出资、抽逃出资罪，欺诈发行股票、债券罪，违规披露、不披露重要信息罪，妨害清算罪，非国家工作人员受贿罪，对非国家工作人员行贿罪，非法经营同类营业罪，为亲友非法牟利罪，签订、履行合同失职被骗罪，国有公司、企业、事业单位人员失职罪，国有公司、企业、事业单位人员滥用职权罪，徇私舞弊低价折股、出售国有资产罪等 13 个罪名。其中国有公司、企业、事业单位人员失职罪、国有公司、企业、事业单位人员滥用职权罪、非法经营同类营业罪、为亲友非法牟利罪、签订、履行合同失职被骗罪涉案风险较大。

此外，供电企业经营管理可能涉及的刑事责任还有生产、销售不符合安全标准的产品罪和隐匿、故意销毁会计凭证、会计账簿、财务会计报告罪等。

（三）廉洁从业类

贪污贿赂犯罪的 12 个罪名中，供电企业人员可能涉及的罪名主要有贪污罪、挪用公款罪、受贿罪、单位受贿罪、行贿罪、对单位行贿罪、介绍贿赂罪、单位行贿罪、巨额财产来源不明罪、隐瞒境外存款罪和私分国有资产罪。除了私分罚没财物罪因为供电企业无行政执法权以外，其他贪污贿赂犯罪都有可能触及。从"裁判文书网"案例看，供电企业廉洁从业方面的刑事案件以贪污罪、挪用公款罪、受贿罪三大类相对数量较多。此三类罪名均为行为犯，即以危害行为的完成作为犯罪客观要件齐备标准。只要行为人完成了《刑法》规定的犯罪行为，犯罪的客观方面即为完备，犯罪即为既遂形态。

第四节　国有企业员工承担刑事责任的后果

依据我国《刑法》的规定，犯罪嫌疑人被法院判处有罪后，就要承担相应的刑事责任。供电企业员工如果触犯刑法，不仅要承担相应的刑事责任，还要受到相应的单位内部党纪、政纪处分。

一、将面临刑罚

（1）刑罚的种类。根据《刑法》规定，刑罚分为主刑和附加刑。主刑的种类有：管制、拘役、有期徒刑、无期徒刑、死刑。附加刑的种类有：罚金、剥夺政治权利、没收财产。附加刑也可以独立适用。

（2）数罪并罚原则。《刑法》规定，判决宣告前一人犯数罪的，除判处死刑、无期徒刑的以外，应当在总刑期以下、数刑中最高刑期以上，酌情决定执行的刑期，但管制最高不能超过三年，拘役最高不能超过一年，有期徒刑总和刑期不满三十五年的，最高不能超过二十年，总和刑期在三十五年以上的，最高不能超过二十五年。

如果数罪中有判处附加刑的，附加刑仍须执行，其中附加刑种类相同的，合并执行；种类不同的，分别执行。

二、将留有犯罪记录

根据最高人民法院、最高人民检察院、公安部、国家安全部、司法部联合下发的《关于建立犯罪人员犯罪记录制度的意见》，为加强对犯罪人员信息的有效管理，依托政法机关现有网络和资源，由公安机关、国家安全机关、人民检察院、司法行政机关分别建立有关记录信息库，并实现互联互通。犯罪人员信息登记机关录入的信息应当包括以下内容：犯罪人员的基本情况、检察机关（自诉人）和审判机关的名称、判决书编号、判决确定日期、罪名、所判处刑罚以及刑罚执行情况等。一旦被追究刑事责任，即纳入相关的信息登记系统并一定程度地共享信息。

从本书收集的案例看，公职人员触犯《刑法》被判处"免予刑事处罚"的情况较多。有判决书的"免予刑事处罚"也将录入犯罪记录信息库。

三、将受到企业内部处分

1. 企业内部处分视情节从记过到解除劳动合同

根据《劳动合同法》第三十九条，劳动者被依法追究刑事责任的，用人单位可以解除劳动合同。以国家电网有限公司为例，根据《国家电网公司员工奖惩规定》附件2第四十七条，构成犯罪，因情节较轻，依照刑法规定不需要判处刑罚或免除刑罚的，人民检察院作出不起诉决定的，视情节轻重，给予记过至留用察看处分。第四十八条，被依法追究刑事责任的，解除劳动合同。

其他电网公司也有类似的规定。

2. 应注意"不起诉"与"不需要判处刑罚或免除刑罚"的区别

"不起诉"，根据《刑事诉讼法》第十六条，有下列情形之一的，不追究刑事责任，已经追究的，应当撤销案件，或者不起诉，或者终止审理，或者宣告无罪：

（一）情节显著轻微、危害不大，不认为是犯罪的；

（二）犯罪已过追诉时效期限的；

（三）经特赦令免除刑罚的；

（四）依照刑法告诉才处理的犯罪，没有告诉或者撤回告诉的；

（五）犯罪嫌疑人、被告人死亡的；

（六）其他法律规定免予追究刑事责任的。

此外，《刑事诉讼法》第一百七十七条还规定，犯罪嫌疑人没有犯罪事实，或者有本法第十六条规定的情形之一的，人民检察院应当作出不起诉决定。

对于犯罪情节轻微，依照刑法规定不需要判处刑罚或者免除刑罚的，人民检察院可以作出不起诉决定。

"不需要判处刑罚或免除刑罚"，根据《刑法》第三十七条非刑罚性处置措施，对于犯罪情节轻微不需要判处刑罚的，可以免予刑事处罚，但是可以根据案件的不同情况，予以训诫或者责令具结悔过、赔礼道歉、赔偿损失，或者由主管部门予以行政处罚或者行政处分。

可见，"不需要判处刑罚或免除刑罚"，是指已经犯罪，但是因为犯罪情节轻微不需要判处刑罚。"不起诉"则是无罪。对于未被依法追究刑事责任，不需要解除劳动合同的情况，企业在给予内部处分时，应充分考虑"不需要判处刑罚或免除刑罚"与"不起诉"两者的区别，在记过至留用察看处分之间，视情节轻重给予相应的处分。

第五节　主要的刑法概念

一、刑法的基本原则

刑法的基本原则，是指刑法明文规定的、在全部刑事立法和司法活动中应当遵循的准则。《刑法》规定的基本原则有三个，即罪刑法定原则、刑法适用平等原则和罪责刑相适应原则，分别体现在刑法第三条、第四条和第五条：

第三条　【罪刑法定】法律明文规定为犯罪行为的，依照法律定罪处刑；法律没有明文规定为犯罪行为的，不得定罪处刑。

第四条　【适用刑法人人平等】对任何人犯罪，在适用法律上一律平等。不允许任何人有超越法律的特权。

第五条　【罪责刑相适应】刑罚的轻重，应当与犯罪分子所犯罪行和承担的刑事责任相适应。

二、犯罪概念

根据《刑法》第十三条，一切危害国家主权、领土完整和安全，分裂国家、颠覆人民民主专政的政权和推翻社会主义制度，破坏社会秩序和经济秩序，侵犯国有财产或者劳动群众集体所有的财产，侵犯公民私人所有的财产，侵犯公民的人身权利、民主权利和其他权利，以及其他危害社会的行为，依照法律应当受刑罚处罚的，都是犯罪，但是情节显著轻微危害不大的，不认为是犯罪。

三、犯罪的构成

犯罪构成是决定某一具体行为的社会危害性及其程度，为该行为构成犯罪所必需的一切客观和主观要件的有机统一，是使行为人承担刑事责任的根据。犯罪构成分二要件、三要件、四要件说。本书按照司法考试大纲和教材，采用四要件说，即任何一种犯罪的成立都必须具备四个方面的构成要件：犯罪主体、犯罪主观方面、犯罪客体和犯罪客观方面。

犯罪主体是指实施危害社会的行为，依法应当负刑事责任的自然人或单位。

犯罪主观方面是指犯罪主体对自己危害行为及其危害结果所持的心理态度。行为人的罪过包括故意和过失，是一切犯罪构成都必须具备的主观方面要件，有些犯罪的构成还要求行为人主观上具有特定的犯罪目的。

犯罪客体，是指刑法所保护而为犯罪所侵犯的社会关系。

犯罪客观方面是指犯罪活动的客观外在表现，包括危害行为、危害结果。某些特定犯罪的构成还要求行为人的行为发生在特定的时间、地点或者损害特定的对象等。

犯罪构成有助于区分罪与非罪、此罪与彼罪，对准确、合法、及时地同犯罪作斗争，切实有效地保障公民的合法权益，保障无罪者不受非法追究，具有重要意义。

四、刑事强制措施

刑事强制措施是国家为了保障侦查、起诉、审判活动的顺利进行，授权司法机关对犯罪嫌疑人、被告人采取的限制其一定程度人身自由的方法。

1. 取保候审

取保候审指在刑事诉讼中公安机关、人民检察院和人民法院等司法机关对未被逮捕或逮捕后需要变更强制措施的犯罪嫌疑人、被告人，为防止其逃避侦查、起诉和审判，责令其提出保证人或者交纳保证金，并出具保证书，保证随传随到，对其不予羁押或暂时解除其羁押的一种强制措施。

适用的情形为犯罪嫌疑人或被告人患有严重疾病、生活不能自理，怀孕或者正在哺乳自己婴儿的妇女。

2. 监视居住

监视居住指人民法院、人民检察院、公安机关在刑事诉讼中限令犯罪嫌疑人、被告人在规定的期限内不得离开住处或者指定的居所，并对其行为加以监视、限制其人身自由的一种强制措施。对符合取保候审条件，但犯罪嫌疑人、被告人不能提出保证人，也不交纳保证金的，可以监视居住。在职务犯罪罪行并非非常严重的情形下，指定居所监视居住是相对而言比较可行的替代拘捕的强制措施。

3. 刑事拘留

刑事拘留指公安机关或人民检察院在刑事案件侦查中，对现行犯或重大嫌疑分子，暂时采取的强制措施。公安机关对于被拘留的人，应当在拘留后的二十四小时以内进行讯问。若被拘留人被批准逮捕，则依据《刑事诉讼法》审理。在发现不应当拘留的时候，必须立即释放，发给释放证明。若拘留后被无罪释放，被刑事拘留人可以申请国家赔偿。

4. 逮捕

逮捕指公安机关、人民检察院和人民法院，为了防止犯罪嫌疑人或者被告人实施妨碍刑事诉讼的行为，逃避侦查、起诉、审判或者发生社会危险性，而依法暂时剥夺其人身自由的一种强制措施。其分为批捕逮捕和执行逮捕两个相互联系的程序。人民法院、人民检察院对于各自决定逮捕的人，公安机关对于经人民检察院批准逮捕的人，都必须在逮捕后的二十四小时以内进行讯问。在发现不应当逮捕的时候，必须立即释放，发给释放证明。

五、量刑要点

1. 从严情形

根据最高人民法院《关于贯彻宽严相济刑事政策的若干意见》（法发〔2010〕9 号），对于国家工作人员贪污贿赂、滥用职权、失职渎职的严重犯罪，黑恶势力犯罪、重大安全责任事故、制售伪劣食品药品所涉及的国家工作人员职务犯罪，发生在社会保障、征地拆迁、灾后重建、企业改制、医疗、教育、就业等领域严重损害群众利益、社会影响恶劣、群众反映强烈的国家工作人员职务犯罪，发生在经济社会建设重点领域、重点行业的严重商业贿赂犯罪等，要依法从严惩处。对于国家工作人员职务犯罪和商业贿赂犯罪中性质恶劣、情节严重、涉案范围广、影响面大的，或者案发后隐瞒犯罪事实、毁灭证据、订立攻守同盟、负案潜逃等拒不认罪悔罪的，要坚决依法从严惩处。

2. 从宽情形

（1）有悔改表现的，根据《关于贯彻宽严相济刑事政策的若干意见》，对于所犯罪行不重、主观恶性不深、人身危险性较小、有悔改表现、不致再危害社会的犯罪分子，要依法从宽处理。对于其中具备条件的，应当依法适用缓刑或者管制、单处罚金等非监禁刑。同时配合做好社区矫正，加强教育、感化、帮教、挽救工作。

（2）有自首情节的，根据《关于贯彻宽严相济刑事政策的若干意见》，对于自首的被告人，除了罪行极其严重、主观恶性极深、人身危险性极大，或者恶意地利用自首规避法律制裁者以外，一般均应当依法从宽处罚。

（3）积极赔偿并取得谅解的，根据《关于贯彻宽严相济刑事政策的若干意见》，被告人案发后对被害人积极进行赔偿，并认罪、悔罪的，依法可以作为酌定量刑情节予以考虑。因婚姻家庭等民间纠纷激化引发的犯罪，被害人及其家属对被告人表示谅解的，应当作为酌定量刑情节予以考虑。犯罪情节轻微，取得被害人谅解的，可以依法从宽处理，不需判处刑罚的，可以免予刑事处罚。

六、追诉时效

1. 追诉时效期限

根据《刑法》第八十七条，犯罪经过下列期限不再追诉：

（一）法定最高刑为不满五年有期徒刑的，经过五年；

（二）法定最高刑为五年以上不满十年有期徒刑的，经过十年；

（三）法定最高刑为十年以上有期徒刑的，经过十五年；

（四）法定最高刑为无期徒刑、死刑的，经过二十年。如果二十年以后认为必须追诉的，须报请最高人民检察院核准。

　　上述我国《刑法》所规定的追诉时效期限，是根据犯罪的法定最高刑确定的，这是罪责刑相适应原则在追诉时效期限上的具体体现。因为犯罪的法定最高刑根基于其社会危害性程度，一种犯罪的社会危害性可能达到的最高程度越高，法律所规定的最高刑就越高。

　　2. 追诉期限的延长

　　根据《刑法》第八十八条，在人民检察院、公安机关、国家安全机关立案侦查或者在人民法院受理案件以后，逃避侦查或者审判的，不受追诉期限的限制。

　　被害人在追诉期限内提出控告，人民法院、人民检察院、公安机关应当立案而不予立案的，不受追诉期限的限制。

　　3. 追诉期限的计算与中断

　　根据《刑法》第八十九条，追诉期限从犯罪之日起计算；犯罪行为有连续或者继续状态的，从犯罪行为终了之日起计算。在追诉期限以内又犯罪的，前罪追诉的期限从犯后罪之日起计算。

第二章 供电企业安全生产刑事法律风险识别与防范

安全生产可能触犯的刑事责任主要是《刑法》分则第二章"危害公共安全罪"。危害公共安全罪作为概括性罪名，共包含 47 个罪名，其中过失造成重大责任事故的犯罪共 13 个，与供电企业可能相关的有重大劳动安全事故罪，重大责任事故罪，强令违章冒险作业罪，不报、谎报安全事故罪，工程重大安全事故罪，大型群众性活动重大安全事故罪等。各项罪名构成要件的侧重点不同。重大责任事故罪侧重于"在生产、作业中违反有关安全管理的规定"，强令违章冒险作业罪强调"强令他人违章冒险作业"；重大劳动安全事故罪侧重于"安全生产设施或者安全生产条件不符合国家规定"；大型群众性活动重大安全事故罪侧重于"举办大型群众性活动违反安全管理规定"；工程重大安全事故罪侧重于"建设单位、设计单位、施工单位、工程监理单位违反国家规定，降低工程质量标准"；不报、谎报安全事故罪重点在"安全事故发生后，负有报告职责的人员不报或者谎报事故情况，贻误事故抢救"。

此外，还有《刑法》分则第九章"渎职罪"下的玩忽职守罪，主要与运维检修、用电检查等供电企业生产经营的日常管理相关。

第一节　现场违章作业的重大责任事故罪风险

一、参考案例

案例 1：接线错误导致接线盒体带电致人触电，当事电工涉重大责任事故罪

案号：（2018）内 0303 刑初 141 号

被告人王某系某煤矿综采队值班电工。2017 年 8 月 27 日 7 时许，某煤矿综采队书记高某组织当班人员在井下 031604 工作面工作时，被告人王某作为综采队电工，负责处理所在班组的电器故障，在维修电器设备时候违反《矿井维修电工操作规程》第 26 条"电器设备检修中不得任意改变原有端子序号、接线方式"的规定，接线错误导致接线盒体带电。高某在移动接电盒时触电倒地，经抢救无效死亡。法院查明后认为，本案中事故的发生是多种原因造成的结果，被告人接错线路为主要原因且为初始原因，如果没有该原因，不会发生本次事故。王某对事故发生负

有直接责任。判决被告人王某犯重大责任事故罪，判处有期徒刑二年，缓刑二年。

案例 2：外包施工队无票作业，供电所技术员违反停送电规定致人触电，构成重大责任事故罪

案号：（2017）苏 0381 刑初 768 号

被告人尚某原系某供电所技术员。2014 年 12 月 1 日，某实业发展有限公司将某 10 千伏线路改造工程发包给某电力工程有限公司，由孙某负责施工。被告人何某挂靠电力工程有限公司资质承包该工程，具体负责施工。2014 年 12 月 15 日，在改造工程施工的同时，实业发展有限公司项目经理电话联系何某，双方口头约定由被告人何某承包改造工程施工范围段内几处更换变压器令克消缺工程。事发当天，改造工程由孙某负责组织施工。被告人何某在未填用工作票的情况下，带领无施工资质的支某、陈某等人在某村变压器处更换令克。15 时 30 分，改造工程负责人孙某电话联系供电所技术员尚某（系该工程停送电联系人），报告工程完工，申请送电。被告人尚某明知有更换变压器令克工程正在施工，在未接到施工人员的联系，亦未核实所有施工人员是否安全撤离现场的情况下，向市供电公司调度室报告可以送电。市供电公司调度室许可现场人员合闸送电，并于当日 15 时 40 分合闸送电，造成正在变压器上施工的支某、陈某触电，当场死亡。法院判决被告人何某犯重大责任事故罪，判处有期徒刑一年，缓刑一年；被告人尚某犯重大责任事故罪，免予刑事处罚。

案例 3：外包队无资质施工、越权操作、未挂接地线致人死亡，构成重大责任事故罪

案号：（2018）晋 04 刑终 52 号

2016 年 3 月，被告人张某借用某电力工程有限公司资质，承接某主线五条支线的维修工程。2016 年 11 月，张某明知被告人王某没有电力工程承包资质，仍与王某签订了合同，王某从张某手承揽了该五条支线的维修工程。2017 年 5 月 5 日 14 时 30 分左右，王某带领工人崔某、崔某 1、王某 1 等人（崔某、崔某 1、王某 1 等人均无特种作业操作证、电工进网作业许可证、职业资格证书）在某支线进行架线作业。王某没有履行停电审批手续，违规切断 10 千伏某主线沟口处真空断路器电源进行

作业，致沟口处真空断路器往北两个村庄不能正常用电。施工至当日 18 时许，两村电工给王某打电话让其恢复线路用电，当时支线架线作业尚未完工，为了继续施工，不影响主线用电，王某带领崔某 1 将支线 1 号杆上的 ABC 三个隔离开关分闸，断开支线与 10 千伏某主线的连接，让崔某在 12 号杆上继续作业，但没有按照安全规定在崔某作业的 12 号杆两侧挂接地线。当日 19 时 27 分，王某带领王某 1 将 10 千伏某主线路沟口处真空断路器合上，致正在支线 12 号杆上作业的崔某触电死亡。案发后某电力工程有限公司就民事赔偿部分与被害人崔某亲属达成赔偿协议，崔某家属对被告人王某表示谅解。

一审判决被告人王某犯重大责任事故罪，判处有期徒刑一年，缓刑一年；被告人张某犯重大责任事故罪，判处有期徒刑六个月，缓刑一年。二审维持原判。

案例 4：供电所职工受私人雇佣管理线路，违反停送电规定致人死亡，构成重大责任事故罪

案号：（2017）内 2223 刑初 217 号

被告人刘某系乡供电所职工。2015 年 2 月 14 日，被告人何某从他人处承包某村水浇地高压线路，并雇佣被告人刘某管理该线路。2016 年 10 月 24 日，被告人何某在未向电力部门申请报备的情况下，私自将高压线路断电，雇佣无资质的白某等人维修高压线路。下午 16 时许，被告人刘某未告知何某该高压线路要合闸供电，直接合闸供电，致正在高压电线杆上施工的被害人白某触电死亡。法院认为，被告人何某、刘某违反安全管理规定，施工当中未按施工要求操作，致一人死亡，其行为构成重大责任事故罪。判决被告人何某犯重大责任事故罪，判处拘役五个月；被告人刘某犯重大责任事故罪，判处拘役五个月，缓刑六个月。

案例 5：输变电安装有限责任公司员工同杆作业违章操作，致同事死亡，构成重大责任事故罪

案号：（2018）苏 0116 刑初 781 号

被告人梅某系某输变电安装有限责任公司员工。2013 年 5 月 20 日，某输变电安装有限责任公司承接某供电公司发包的 10 千伏某线路维修项目。同年 7 月 27 日，某输变电安装有限责任公司安排被告人梅某、被害人许某至上述线路布设电线。作业至当日上午 7 时 50 分许，因被告人

梅某违规操作,导致作业电线线头一端不慎落下触到下方原 10 千伏带电支线,致在该线路另一端作业的被害人许某触电死亡。2013 年 11 月 29 日,被告人梅某被公安机关抓获归案,归案后如实供述了自己的犯罪事实。案发后,被告人梅某所在单位与被害人近亲属就民事赔偿达成协议,取得被害人近亲属的谅解。法院认为,被告人梅某在作业中违反有关安全管理的规定,因而发生重大伤亡事故,致一人死亡,其行为已构成重大责任事故罪。被告人梅某归案后能如实供述自己的犯罪事实,其所在单位与被害人近亲属达成赔偿协议,取得被害人近亲属的谅解,依法及酌情对其从轻处罚。判决被告人梅某犯重大责任事故罪,判处有期徒刑一年,缓刑一年。

案例 6:发现隐患未处理致人触电,设备主人和责任领导犯重大责任事故罪

案号:(2017)鲁 0832 刑初 337 号

被告人孙某(供电所农电工)自 2013 年负责某 10 千伏线路巡视工作以来,未严格按规定巡视,且在巡视工作中发现 10 千伏线路下某段线路存在导线对地安全距离不足的问题后,未及时采取有效措施消除安全隐患。被告人王某(供电所所长)未严格按照《电网公司安全职责规范》《县供电公司安全责任书》的规定履行职责,未组织本所人员有效开展安全隐患排查工作。同时在其本人发现隐患的情况下,亦未及时采取有效措施予以消除。二被告人的行为致使该段线路导线对地距离 5.45 米,低于对地安全距离 6.5 米的安全要求。2017 年 3 月 10 日 8 时许,被害人宋某将一辆载有沙子的挂车停放在存在隐患的线路下,上车去掀顶篷布时触电,当场死亡。经调解,供电公司赔偿死者家属 26 万元。被害人家属对被告人予以谅解,建议对其二人免予刑事处罚,并出具谅解书。

法院认为,被告人孙某作为直接从事生产、作业的人员,被告人王某作为对生产、作业负有组织、指挥职责的负责人,违反有关安全管理的规定,发生一人死亡的事故,其行为已构成重大责任事故罪。二被告人案发后如实供述犯罪事实,庭审中自愿认罪,被告人所在公司赔偿了被害人家属经济损失,取得了被害人家属的谅解,可酌情从轻处罚;在涉案责任事故中,被害人受电击身亡,自身负有一定责任。综合考量全

案情节，判决被告人孙某、王某犯重大责任事故罪，免予刑事处罚。

二、重大责任事故罪概述

（一）法律规定

《刑法》

第一百三十四条　【重大责任事故罪】在生产、作业中违反有关安全管理的规定，因而发生重大伤亡事故或者造成其他严重后果的，处三年以下有期徒刑或者拘役；情节特别恶劣的，处三年以上七年以下有期徒刑。

【强令违章冒险作业罪】强令他人违章冒险作业，因而发生重大伤亡事故或者造成其他严重后果的，处五年以下有期徒刑或者拘役；情节特别恶劣的，处五年以上有期徒刑。

（二）立案标准

重大责任事故罪的结果是发生重大伤亡事故或者造成其他严重后果。

根据最高人民法院、最高人民检察院《关于办理危害生产安全刑事案件适用法律若干问题的解释》（法释〔2015〕22号）第六条，满足以下情形之一的，构成重大责任事故罪。

（一）造成死亡一人以上，或者重伤三人以上的；

（二）造成直接经济损失一百万元以上的；

（三）其他造成严重后果或者重大安全事故的情形。

实施刑法第一百三十四条第二款（强令违章冒险作业罪）规定的行为，因而发生安全事故，具有本条第一款规定情形的，应当认定为"发生重大伤亡事故或者造成其他严重后果"，对相关责任人员，处五年以下有期徒刑或者拘役。即强令违章冒险作业造成死亡一人以上，或者重伤三人以上的，构成强令违章冒险作业罪，量刑从"三年以下有期徒刑或者拘役"上升到"五年以下有期徒刑或者拘役"。

（三）犯罪构成

1. 主体

根据最高人民法院、最高人民检察院《关于办理危害生产安全刑事案件适用法律若干问题的解释》（法释〔2015〕22号）第一条，重大责任事故罪的犯罪主体，包括对生产、作业负有组织、指挥或者管理职责的负责人、管理人员、实际控制人、投资人等人员，以及直接从事生产、作业的人员。强令违章冒险作业罪的犯罪主体，包括对生产、作业负有组织、指挥或者管理职责的负责人、管理人员、实际控制人、投资人等人员。

2. 主观方面

重大责任事故罪的主观方面是过失，是指应当预见到自己的行为可能发生重大伤亡事故或者造成其他严重后果，因疏忽大意而没有预见或者已经预见而轻信能够避免，以致发生这种结果的主观心理状态。

3. 客体

重大责任事故罪的客体是人身和财产。

4. 客观方面

《刑法》原第一百三十四条对重大责任事故罪的客观方面表述为："不服管理，违反规章制度，或者强令工人违章冒险作业因而发生重大伤亡事故或者造成其他严重后果的"。《刑法修正案（六）》将之修改为"在生产、作业中违反有关安全管理的规定，因而发生重大伤亡事故或者造成其他严重后果的"，删去了"不服管理"内容，同时将"强令他人违章冒险作业"作为加重情节另款规定，并在法定刑的设置上予以提高。

构成该罪应当同时具备三个方面的要素：一是必须具有违反有关安全管理规定的行为；二是违规的行为必须发生在"生产、作业"过程中；三是行为必须造成法定的后果，三者缺一不可。供电企业员工在生产、作业过程中没有违章行为的情况下可以排除重大责任事故罪。

有关安全管理的规定主要有三类，一是国家颁布的各类有关安全生产的法律、法规；二是企业、事业单位及其上级管理机关制定的反映安全生产客观规律并涉及工艺技术、生产操作、技术监督、劳动保护、安全管理等方面的规程、规章、章程、条例、办法和制度，以及不同的单位按照各自的特点所作的有关规定等；三是该类生产、作业过程中虽无明文规定但却反映了生产、科研、设计、施工中安全操作的客观规律，已为人所公认的操作习惯和惯例等。

（四）提示要点

1. 从轻情节

根据最高人民法院、最高人民检察院《关于办理危害生产安全刑事案件适用法律若干问题的解释》（法释〔2015〕22 号）第十三条，在安全事故发生后积极组织、参与事故抢救，或者积极配合调查、主动赔偿损失的，可以酌情从轻处罚。

2. 从重情节

根据最高人民法院、最高人民检察院《关于办理危害生产安全刑事案件适用法律若干问题的解释》（法释〔2015〕22 号）第十二条，在安全事故发生后，负有报告职责的人员不报或者谎报事故情况，贻误事故抢救具有下列情形之一的，从重处罚：

（一）未依法取得安全许可证件或者安全许可证件过期、被暂扣、吊销、注销后从事生产经营活动的；

（二）关闭、破坏必要的安全监控和报警设备的；

（三）已经发现事故隐患，经有关部门或者个人提出后，仍不采取措施的；

（四）一年内曾因危害生产安全违法犯罪活动受过行政处罚或者刑事处罚的；

（五）采取弄虚作假、行贿等手段，故意逃避、阻挠负有安全监督管理职责的部门实施监督检查的；

（六）安全事故发生后转移财产意图逃避承担责任的；

（七）其他从重处罚的情形。

实施前款第五项规定的行为，同时构成《刑法》第三百八十九条规定的犯罪的，依照数罪并罚的规定处罚。

三、防范要点

根据《刑法》第一百三十四条，重大责任事故罪的防范要点在"生产、作业中违反有关安全管理的规定。"通过对重大责任事故罪的解读和对上述案例的评析，我们应该认识到，作业过程的安全生产风险防范责任十分重大。一旦发生安全事故，造成重大人员伤亡或财产损失，作业相关方均可能触犯刑法，构成犯罪。在电力生产、作业过程中，应从以下几个方面防范刑事法律风险：

（一）严格执行"安规"

《电力安全工作规程》（简称《安规》）是电力生产现场安全管理的

最重要规程，是保证人身安全、电网安全和设备安全的最基本要求。一些看似细小轻微的、习以为常的违规违章行为及不良习惯，往往是发生重大责任事故的导火索。供电企业的工作人员以及在供电企业所属设备上工作的工作人员，都必须严格遵守该规程。各级领导和管理人员要带头执行《安规》，确保《安规》明确的各项措施和要求落实到位。

（二）牢固树立安全生产意识

安全生产，警钟长鸣，是老生常谈也不得不谈。重大责任事故罪的犯罪主体十分宽泛。任何参与电力生产、作业的主体及其个人，只要违反了有关安全管理规定，导致安全事故发生，均可能触犯刑法，受到刑事处罚。只有不折不扣地执行好《安规》，才能做到"不伤害他人、不被他人伤害"。所有电力生产、作业的参与主体均应高度重视安全生产工作，严格遵守企业的安全生产规章制度，养成良好的工作习惯，严格履行安全管理职责，杜绝事故的发生。

（三）坚决执行安全组织和技术措施，确保规范作业

综合分析本节案例2、案例3，作业人越权操作、未挂接地线、无票作业，任何一点都有可能造成严重后果。

安全组织和技术措施是保证安全的重要制度措施。其中组织措施包括工作票、工作许可、监护、间断和终结等。工作票签发人、工作负责人（监护人）、工作许可人、专职监护人和工作班成员在整个作业流程中应履行各自的安全职责。线路和配电设备上工作，应有停电、验电、装设接地线及个人保安线、悬挂标示牌和装设遮栏（围栏）等保证安全的技术措施。任何单位、个人都应严格按照《安规》要求，规范作业。

（四）加强作业现场停送电刚性管理

《安规》规定，在电力线路及配电设备上工作应有保证安全的制度措施，包含工作申请、工作布置、现场勘查、书面安全要求、工作许可、工作监护及工作间断和终结等工作程序。在线路及配电设备上进行全部停电或部分停电工作时，应向设备维护单位提出停电申请，由调度机构管辖的需事先向调度机构提出停电申请，同意后方可安排检修工作。在检修工作前应进行工作布置，明确工作地点、工作任务、工作负责人、作业环境、工作方案和书面安全要求，以及工作班成员的任务分工。综

合分析本节案例 2～4，作业人员没有执行停送电相关的作业制度，严重违反规定野蛮作业，必然酿成事故恶果。

（五）加强外包施工队伍管理

外包施工队伍人员复杂、流动性大，管理很难规范。而电力作业现场的安全要求远高于普通建设工程。外包施工队伍即使主设备、设施、技术上能满足要求，日常安全管理也较为松散。《安规》规定，外单位承担或外来人员参与公司系统电气工作的工作人员应熟悉《安规》并经考试合格同时经设备运行管理单位认可，方可参加工作。工作前，设备运行管理单位应告知现场电气设备接线情况、危险点和安全注意事项。供电企业应严格执行工作负责人"双签发"制度，并不断敦促施工队伍提高自身的安全管理水平和人员的安全技能水平。供电企业还应将外包施工项目作为现场安全稽查的重点，发现问题坚决查收、决不姑息，切实降低电力生产、作业过程中的安全风险。

第二节　日常运维检修的玩忽职守罪风险

一、参考案例

案例 1：巡线不到位致人触电，设备主人和责任领导犯玩忽职守罪
案号：（2014）漳刑初字第 24 号

某供电所管辖的线路从村民王某家的承包地上空通过。2013 年 2 月以来，村民发现该输电线路第 10 号电杆存在倾斜现象，第 10 号至第 11 号电杆之间的输电导线离地面较低。供电所的工作人员一直未去该地对输电线路进行必要的巡视检修和维护。2013 年 7 月 26 日，该村两男孩在此线路下触电身亡。公安局测量发生事故的导线距地面高度为 107.5 厘米，另一根导线距地面高度为 180 厘米。事故发生后，供电公司给两名死者家属赔偿共计 60 万元。

公诉机关认为，供电所作为涉事线路的管理部门，平时不能按照有关规定对该线路进行必要的巡视检修和维护，致使输电导线与地面距离不符合安全距离要求，留下重大安全隐患，导致造成两名男孩触电身亡的严重后果，并造成供电公司直接经济损失 60 万元。被告人白某（供电

公司聘用制农电工）作为事发地输电线路的具体线路管理人员，对事故的发生负直接责任；被告人张某（供电所副所长兼营业站站长）作为电力线路的主要负责领导，对事故的发生负主要领导责任；被告人李某（供电所所长）作为该所主要行政负责人、安全生产第一责任人，负有对辖区电力线路安全生产工作的督促、检查不够到位的领导责任；被告人陈某（县供电公司副经理）作为分管全县电力安全生产工作的公司领导，应当对全县各地电力线路安全生产工作进行全面督促、检查，及时消除事故隐患，但其工作不够到位，对本次事故的发生负有不可推卸的领导责任。

法院认为，被告人白某、张某、李某、陈某作为国有企业中从事公务的工作人员，不能认真履行自己的工作职责，严重不负责任，致使公共财产、国家和人民利益遭受重大损失，其行为已构成玩忽职守罪。因本案所涉事故由被告人严重不负责任的行为和地震雨水自然因素综合造成，且四被告人所在公司已积极补偿了被害人家属损失，故对四被告人可酌情从轻处罚。遂判决：被告人白某犯玩忽职守罪，判处有期徒刑六个月，缓刑一年。被告人张某、李某、陈某犯玩忽职守罪，免予刑事处罚。

案例 2：供电所巡查员发现线路下建房并汇报，所长处理不力犯玩忽职守罪

案号：（2016）内 0502 刑初 433 号

被告人常某系供电所所长，负责全面工作。2015 年 6 月，某养殖场的经营者孔某违反《安全生产法》的相关规定，在其经营的养殖场内的高压线下建设鸡舍。供电所巡查员陈某 2015 年 6 月 13 日、7 月 4 日、8 月 5 日巡查线路时发现养殖场在高压线路下违法建房，并向常某汇报，常某对养殖场在生产经营过程中存在的安全生产违法行为及事故隐患未能采取有效措施予以制止。2015 年 9 月 8 日 17 时许，养殖场彩钢板施工人员张某在没有安全防护，没有安全生产监督人员在场的情况下，在鸡舍上方安装彩钢板，触电死亡。法院认为：被告人常某未认真履行职责，造成辖区内发生生产安全事故，致一人死亡，其行为已构成玩忽职守罪，应受刑罚处罚。判决被告人常某犯玩忽职守罪，免予刑事处罚。

案例 3：配合政府停电执行不到位，供电所人员犯玩忽职守罪

案号：（2010）新刑初字第 104 号

2009 年 5 月 7 日，某县政府组织有关单位对某砖窑厂依法取缔，拆除窑体，停止供电。供电所所长李某将零杆存放在供电所车库内，并在供电所例会上，按上级精神要求所属人员不要随意给砖窑厂供电。2009年 6 月，砖窑厂的负责人徐某从供电所员工张某处将用于供电的零杆拿走。2009 年 7 月 17 日，负责砖窑厂台区的张某在抄电表时发现砖窑厂私接电源在用电，并收取了电费。在此期间，张某某没有将徐某把零杆拿走，砖窑厂用电交费等情况向所长汇报；2009 年 7 月 22 日，砖窑厂非法生产，窑厂工人贾某为排水用自吸泵抽水，触电死亡。法院认为，被告人张某身为国有公司工作人员，负有对所辖区域农村用电进行管理的职能，工作中严重不负责任，造成一人死亡的严重后果，其行为已构成玩忽职守罪；因被告人张某犯罪情节轻微，判决被告人张某犯玩忽职守罪，免予刑事处罚。

案例 4：表箱缺陷改造未办理工作票带电作业致触电，供电所长管理不力犯玩忽职守罪

案号：（2017）豫 1724 刑初 837 号

被告人刘某系某供电所所长。2016 年 12 月 19 日下午 5 点半左右，供电所的农电工李某在某区下户线集表箱缺陷改造施工过程中，在电线杆上换电线的时候没有停电，而是带电施工，施工的时候身体碰到了带电部位，导致触电死亡。经法院调查，刘某供述，其在工作安排的会议上，口头安排了安全员肖某在李某施工时去现场查看，至于他去没去不太清楚。安全员肖某供述刘某没有安排其对李某 1 的施工安全进行监管。按照电力安全工作规程，电力施工之前应先办理施工工作票，工作票上必须有相关人员签字，各级进行许可，然后乡供电所才能组织人员进行电力施工，施工人员在施工过程中一人施工，一人监护，且监护人员按要求应由供电所工作班成员担任，不是工作班成员不能担任监护人员。李某在施工期间没有向供电所汇报，所以供电所没有办理工作票。法院认为：被告人刘某在担任供电所所长期间，作为安全第一责任人，在工作中没有正确履行监管职责，未严格按照规定布置开展电能表维护作业，导致人民利益遭受重大损失。判决被告人刘某犯玩忽职守罪，免予刑事处罚。

案例 5：建房工地电线存在安全隐患致人触电，供电所整改通知到位不承担责任

案号：（2015）临兰刑初字第 1180 号

2014 年 4 月，被告李某将家中盖楼房的工程承包给建筑商李某丙。在施工过程中，工地的电线存在安全隐患。2014 年 7 月，被告李某在接到供电公司整改通知且并未消除安全隐患的情况下，仍要求李某丙继续施工。2014 年 9 月 22 日 9 时许，李某丙在施工过程中，触电死亡。法院判决被告李某犯重大责任事故罪，判处有期徒刑六个月，缓刑一年。

案例 6：高压线下违规堆沙致人触电，供电公司隐患告知到位不承担责任

案号：（2019）冀 0109 刑初 58 号

2018 年 4 月，被告人韩某、董某、武某在某村村北无证开设沙场。2018 年 5 月 9 日，供电公司发现该沙场在线路下堆沙，便向董某发放隐患告知书，要求沙场对安全隐患进行整改，三被告人一直未整改。2018 年 5 月 16 日 15 时许，刘某在该沙场买沙子时，不慎碰到院内上方的电线，经抢救无效死亡。法院判决被告人董某、韩某、武某犯重大责任事故罪，判处有期徒刑一年六个月至一年二个月，缓刑二年等刑罚。

案例 7：行政机关应履行特种设备的安全监督责任

案号：（2018）鄂 05 刑终 325 号

被告人赵某系某市质量技术监督局特监科科长。2016 年 6 月 1 日，该市人民政府下发《关于集中开展安全生产大检查大排查的紧急通知》，要求市质量技术监督局作为特种设备安全的责任单位，对特种设备安全进行专项检查。市质量技术监督局局长柳某、副局长徐某批示此次专项检查"由特监科负责"。赵某明知某发电公司作为市重点建设项目，有大量特种设备在安装、使用，本应按照"全覆盖"的要求将其作为专项监督检查的重点，但赵某却未按要求将某发电公司纳入专项监督检查计划。至 2016 年 8 月 11 日，赵某未到该发电公司进行专项监督检查，对该公司锅炉未经检验和高压主蒸汽管道逾期未办理使用登记即投入使用、特种设备安全管理人员无证上岗、操作人员持证不符等违法行为没有发现并查处。2016 年 8 月 11 日 14 时 49 分，该发电公司 2 号锅炉高压主蒸汽管道上的"一体焊接式长径喷嘴"发生裂爆，导致管道断裂，高温高

压蒸汽大量喷射外泄，造成 22 人死亡，4 人重伤，直接经济损失 2313 万元的重大安全事故。一审判决被告人赵某犯玩忽职守罪，判处有期徒刑三年，缓刑三年。

一审宣判后，被告人赵某以原判量刑畸重为由提出上诉。其理由是："8·11"重大伤亡事故是因喷嘴存在重大的质量缺陷以及厂房设计不规范、某省特种设备检验检测研究院某分院检验监督不力、企业操作人员处理设备隐患不及时等多种原因造成的，其不可能在后期的行政监察中发现设备存在的安全隐患，且全市的设备数量达 5700 台，而监管人员只有两人，故其不可能在短期内完成工作任务，其轻微失职不是导致事故发生的主要原因。

二审法院认为，国家机关工作人员依法履职是依法行政的基本要求，面对繁杂的监管工作应当根据实际情况做到轻重缓急，丝毫不可懈怠，即使该市有数千机器设备需要监管，但事故发生之前该市政府已发出了紧急通知，要求该市质量技术监督局彻底排除重大的安全隐患，故其应当及时对该市重点建设项目的特种设备进行专项监督、检查。但赵某未落实政府通知的要求，怠于履行监督、检查特种设备的职责，是导致重大伤亡事故的原因之一，这并非轻微失职，而是严重的渎职行为。驳回上诉，维持原判。

二、玩忽职守罪概述

（一）法律规定
《刑法》

第三百九十七条　【滥用职权罪】【玩忽职守罪】国家机关工作人员滥用职权或者玩忽职守，致使公共财产、国家和人民利益遭受重大损失的，处三年以下有期徒刑或者拘役；情节特别严重的，处三年以上七年以下有期徒刑。本法另有规定的，依照规定。

国家机关工作人员徇私舞弊，犯前款罪的，处五年以下有期徒刑或者拘役；情节特别严重的，处五年以上十年以下有期徒刑。本法另有规定的，依照规定。

最高人民法院、最高人民检察院《关于办理危害生产安全刑事案件适用法律若干问题的解释》（法释〔2015〕22 号）

第十五条　国家机关工作人员在履行安全监督管理职责时滥用职

权、玩忽职守，致使公共财产、国家和人民利益遭受重大损失的，或者徇私舞弊，对发现的刑事案件依法应当移交司法机关追究刑事责任而不移交，情节严重的，分别依照《刑法》第三百九十七条、第四百零二条的规定，以滥用职权罪、玩忽职守罪或者徇私舞弊不移交刑事案件罪定罪处罚。

公司、企业、事业单位的工作人员在依法或者受委托行使安全监督管理职责时滥用职权或者玩忽职守，构成犯罪的，应当依照《全国人民代表大会常务委员会关于〈中华人民共和国刑法〉第九章渎职罪主体适用问题的解释》的规定，适用渎职罪的规定追究刑事责任。

（二）立案标准

根据最高人民法院、最高人民检察院《关于办理渎职刑事案件适用法律若干问题的解释（一）》，国家机关工作人员滥用职权或者玩忽职守，具有下列情形之一的，应当认定为《刑法》第三百九十七条规定的"致使公共财产、国家和人民利益遭受重大损失"：

（一）造成死亡1人以上，或者重伤3人以上，或者轻伤9人以上，或者重伤2人、轻伤3人以上，或者重伤1人、轻伤6人以上的；

（二）造成经济损失30万元以上的；

（三）造成恶劣社会影响的；

（四）其他致使公共财产、国家和人民利益遭受重大损失的情形。

具有下列情形之一的，应当认定为刑法第三百九十七条规定的"情节特别严重"：

（一）造成伤亡达到前款第（一）项规定人数3倍以上的；

（二）造成经济损失150万元以上的；

（三）造成前款规定的损失后果，不报、迟报、谎报或者授意、指使、强令他人不报、迟报、谎报事故情况，致使损失后果持续、扩大或者抢救工作延误的；

（四）造成特别恶劣社会影响的；

（五）其他特别严重的情节。

（三）犯罪构成

1. 主体

根据《刑法》第三百九十七条，玩忽职守罪的主体是国家机关工作人员。根据最高人民检察院《关于渎职侵权犯罪案件立案标准的规定》

附则（三），国家机关工作人员，是指在国家机关中从事公务的人员，包括在各级国家权力机关、行政机关、司法机关和军事机关中从事公务的人员。可见，国有供电企业的员工并不属于国家机关工作人员。

为什么供电企业人员没有履行好安全管理职责却被判处适用于国家机关工作人员的玩忽职守罪？主要依据是最高人民法院、最高人民检察院《关于办理危害生产安全刑事案件适用法律若干问题的解释》（法释〔2015〕22 号）第十五条第二款，公司、企业、事业单位的工作人员在依法或者受委托行使安全监督管理职责时滥用职权或者玩忽职守，构成犯罪的，应当依照《全国人民代表大会常务委员会关于〈中华人民共和国刑法〉第九章渎职罪主体适用问题的解释》的规定，适用渎职罪的规定追究刑事责任。即供电企业人员在安全生产工作中玩忽职守的，参照国家机关工作人员，适用渎职罪中的玩忽职守罪，面临较严厉的处罚，立案标准在经济损失方面为 30 万元以上，低于国有公司、企业、事业单位人员失职罪的 50 万元。

2. 主观方面

玩忽职守罪在主观方面由过失构成，故意行为不构成本罪，行为人对于其行为所造成的重大损失结果，在主观上并不是出于故意而是由于过失造成的。如果行为人在主观上对于危害结果的发生不是出于过失，而是出于故意，不仅预见到，而且希望或者放任它的发生，那就不属于玩忽职守的犯罪行为，而构成其他的故意犯罪。

3. 客体

玩忽职守罪侵犯的客体是国家机关的正常活动。由于国家机关工作人员对本职工作严重不负责，不遵纪守法，违反规章制度，玩忽职守，不履行应尽的职责义务，致使国家机关的某项具体工作遭到破坏，给国家、集体和人民利益造成严重损害，从而危害了国家机关的正常活动。本罪侵犯的对象可以是公共财产或者公民的人身及其财产。

4. 客观方面

玩忽职守罪在客观方面表现为国家机关工作人员违反工作纪律、规章制度，擅离职守，不尽职责义务或者不认真履行职责义务，致使公共财产、国家和人民利益遭受重大损失的行为。各个机关、单位的工作人员必须遵守相应的职责和权利、义务，如果违反工作纪律、规章制度，擅离职守，不尽职责义务或者不认真履行职责义务，致使公共财产、国家和人民利益遭受重大损失，则有可能构成玩忽职守罪。玩忽职守罪应满足三个条件：①必须有违反国家工作纪律和规章制度，玩忽职守的行为，包括作为和不作为。②必须具有因玩忽职守，致使公共财产、国家和人民利益造成重大损失的结果。③玩忽职守行为与造成的重大损失结果之间，必须具有刑法上的因果关系。

三、防范要点

供电企业员工涉嫌玩忽职守罪的主要情形有：没有尽到定期或不定期巡查的职责，或者巡查工作严重流于形式，甚至对发现的缺陷和隐患未及时采取有效措施消除等情况。从已收搜集的裁判案例看，大多被判处玩忽职守罪且免予刑事处罚，但也有被判处有期徒刑缓刑的。一旦被判处实刑，即面临解除劳动合同的后果。因为疏忽而丢了工作，教训不可谓不深刻。为防范此类风险，应特别做好以下三点：

（一）安全隐患整改通知书、告知书务必送达到位并留档备查

对于触电案件，安全隐患整改通知书、告知书是证明供电企业已尽到安全隐患告知和提醒义务的关键证据。对比分析前文所列的案例1、案例2和案例5、案例6，案例5、案例6的供电公司均送达了隐患整改通知书，因此没有承担刑事责任。供电公司通过巡视，对有触电隐患的用户设备或线路，制作安全隐患整改通知书、告知书并及时送达，是防范玩忽职守罪刑罚风险的第一要务。实践中，违章建筑所有人或隐患整改责任人常常拒绝签收安全隐患整改通知书或告知书，令供电所责任人员十分头疼。建议实际操作中，参考人民法院法律文书的送达方式，结合当前可以采取的新技术，用下列方式循序完成送达程序：①直接送达，取得对方有效的签字回执。②在直接送达被拒的情况下，采用公证送达，或者通过对送达现场进行全程录音录像方式收集证据，形成已有效送达的完整证据。③邀请当地物业或居委会等第三方予以签字证明。④可以采取邮寄方式送达。但是邮寄方式较难形成完整的证据链证明对方确已收到通知书、告知书，一般不予推荐。总之，不论采取何种方式，都要形成完整的证据链以证明对方已收到安全隐患整改通知书、告知书。此外，还应注意送给对方的留存联和供电企业

留存的回执联，内容应一致，对签发的安全隐患整改通知书原件及送达证据如数归档备查。

（二）开展标准化巡视，及时消缺除患，确保线路设备安全运行

对用户原因的安全隐患治理，供电企业的责任重点在安全隐患整改通知书、告知书的送达。对于供电企业产权设备的安全隐患治理，则要求相对严格。如本节案例 1 和案例 2，供电企业不仅应及时发现隐患，还应及时消缺。为规范设备巡检管理，建议各地供电企业制订专门的设备巡检管理工作规范，最好有标准化的巡视卡，开展标准化运维。同时应建立健全巡视岗位责任制，定期对巡视检查工作质量开展监督、检查与考核。运维责任人应根据上级规章制度要求、季节特点及设备运行状况开展巡查，按要求填写设备诊断报告、设备缺陷和隐患整改记录，完善设备巡检台账。遇有设备重过载或负荷有显著增加、设备检修或改变运行方式后重新投入系统运行、重要保供电任务期间等情况，还应适时增加巡视次数或重点特巡，以确保线路设备安全运行。

（三）及时向电力行政管理部门及相关政府部门报告

自 1997 年之后，供电企业已不再具有行政管理职能，对用户设备隐患的处理较为乏力。供电企业的安全隐患整改通知书送达后，违章建筑所有人、管理人或隐患整改责任人拒不整改的情况时有发生。《电力法》《电力供电与使用条例》等法律法规赋予电力管理部门较多的安全监管责任。如《电力法》第六十五条至第六十九条规定，危害供电、用电安全或者扰乱供电、用电秩序的，由电力管理部门责令改正；未经批准或者未采取安全措施在电力设施周围或者在依法划定的电力设施保护区内进行作业，危及电力设施安全的，由电力管理部门责令停止作业、恢复原状并赔偿损失；在依法划定的电力设施保护区内修建建筑物、构筑物或者种植植物、堆放物品，危及电力设施安全的，由当地人民政府责令强制拆除、砍伐或者清除。因此，供电企业在送达安全隐患整改通知书后，如遇拒不整改的情形，应以书面形式向电力行政管理部门及政府报告，详细报告隐患明细。即使没有遇到用户拒不整改的情况，供电企业也可以定期排查隐患，形成系统报告，定期向政府有关部门报告。

第三节　建设、设计、施工、监理单位的工程重大安全事故罪风险

一、参考案例

案例 1：借用资质承接工程，使用不合格电缆造成 7 人死亡，借用双方均犯工程重大安全事故罪

案号：（2016）鄂 0105 刑初 325 号

被告人王某、黄某系个体电工。被告人闵某系某水电工程有限公司法定代表人。

2014 年 12 月，被告人王某、黄某通过时任某房地产开发有限公司副总经理的陈某（另案起诉）的帮助，在没有取得承装（修、试）电力设施许可证、电工进网许可证的情况下，承接了某小区 1、2 号楼的临时电表和电缆线安装工程。被告人王某经与被告人闵某商议，借用被告人闵某担任法定代表人但无承装（修、试）电力设施许可证的某水电工程有限公司的名义与某房地产开发有限公司签订施工合同，并由被告人黄某具体组织施工。

施工过程中，被告人黄某违反安全操作规范，在没有设计图纸的情况下，随意雇佣无电工进网许可证的安装人员，违规将 4 根电缆捆扎在一起，并将电缆与铜芯分支线采取缠绕搭接的方式进行安装，致使 2015 年 7 月 11 日 23 时许，施工小区 1 号楼 2 单元电缆井临时供电线路发生短路，引燃电缆井内的可燃物发生火灾，造成 7 人死亡，其他 12 人因吸入有毒烟气受伤。经国家电线电缆产品质量监督检验中心鉴定，该电缆为外架绝缘电缆，且质量不合格，燃烧时能产生有毒烟气，不能在建筑电缆井内使用。法院判决被告人黄某犯工程重大安全事故罪，判处有期徒刑一年三个月，并处罚金人民币二万元；被告人王某犯工程重大安全事故罪，判处有期徒刑一年，并处罚金人民币一万元；被告人闵某犯工程重大安全事故罪，判处有期徒刑一年，并处罚金人民币一万元。

案例 2：盖板质量不合格造成伤亡，法定代表人和采购人均构成工程重大安全事故罪

案号：（2019）鲁 1329 刑初 193 号

被告人朱某系某建筑工程有限公司法定代表人，被告人朱某时系购进建筑材料的负责人。2014 年 4 月 16 日，建筑工程有限公司（无建筑资质）与某小学签订了厕所、动物角及零活施工合同。施工完成后未经有关部门验收即交付使用。2018 年 4 月 16 日 9 时许，该小学学生武某、吴某、孙某外出上厕所时掉入厕所化粪池内，致武某、吴某死亡，孙某受伤。案发后，经专业技术人员现场检查勘验，该化粪池使用的盖板质量较差，在很大程度上严重降低了预制板的承载能力。法院判决被告人朱某犯工程重大安全事故罪，判处有期徒刑二年六个月缓刑三年，并处罚金人民币八万元；被告人朱某时犯工程重大安全事故罪，判处有期徒刑二年缓刑二年，并处罚金人民币六万元。

案例 3：违规作业造成广场垮塌事故，相关人员构成重大责任事故罪

案号：（2014）鄂巴东刑初字第 00104 号

被告人柳某原系某县城市管理局副局长、某县城市管理综合执法大队大队长。被告人黄某原系某房产公司某广场项目部技术负责人。被告人许某系某劳务公司经理。被告人曾某系某公司某分公司经理。房产公司于 2012 年 5 月 17 日与曾某所在公司签订合作意向书，合意将该县某广场基础及主体工程未经招标程序发包给曾某所在公司，于 2012 年 5 月 21 将广场工程场平及基坑开挖未经招标程序承包给无相应资质的劳务公司，劳务公司于 2012 年 5 月 22 日违规转包给尤某施工。在施工图纸未送审的情况下，房产公司任命被告人黄某为广场施工技术负责人。2012 年 11 月 2 日 15 时 30 分，广场发生挡土墙垮塌事故。该事故导致周边部分区域供水、供电、通信设施、国防电缆及部分民房受损，城区交通中断，经济损失共计 24364808.26 元。

经调查，本次事故发生的主要原因是房产公司没有依法将边坡治理工程施工图设计文件报建设行政主管部门审查批准，没有按国家工程建设程序要求办理施工许可手续，擅自开工建设，且将边坡治理工程发包给不具有相应资质等级的单位和个人承担施工任务，未按设计图纸要求施工，在支护桩抗滑力低于设计抗滑力的情况下，擅自指挥施工单位违规在支护桩顶部平台安放塔吊，并将支护桩顶部平台作为钢筋存储和加

工场所，增加了滑坡体的负载，使边坡安全性进一步下降。另查实，柳某在案中有受贿的事实。

法院认为：柳某身为县城管局副局长，根据职责分工具有对未取得建设用地规划许可证和建设工程规划许可证新建、改建、扩建的建筑物、构筑物、道路管线及其他工程设施行为的行政处罚的法定职责，但被告人柳某不认真履行职责，疏于管理，导致发生广场挡土墙垮塌事故，造成周边部分房屋受损，交通、供水、供电、通信等长期中断的严重后果和恶劣的社会影响，其行为符合玩忽职守罪的构成要件。

被告人黄某身为房产公司技术负责人，违法建设、违章指挥施工，将支护桩前原有挡土墙挖出，导致支护桩抗滑力低于设计抗滑力，且在接到施工单位发现挡土墙的裂缝在逐渐增大的报告后仍要求其继续施工，导致发生垮塌的严重后果，构成重大责任事故罪。

被告人许某明知自己没有相应的施工资质而承接广场场平及基坑开挖建设工程，且将该工程转包给他人施工，施工中未进行现场管理和检查，以致在施工中将支护桩前原有挡土墙挖出，导致支护桩抗滑力低于设计抗滑力，造成垮塌事故的严重后果，其行为符合重大责任事故罪的构成要件。

被告人曾某在施工中已发现挡土墙出现裂缝，而未对安装在支护桩顶部平台塔吊和堆放的钢筋采取措施，增加了滑坡体上的荷载，使边坡安全性进一步下降，该行为是造成垮塌事故的原因之一，其行为构成重大责任事故罪。

法院判决被告人柳某犯玩忽职守罪，判处有期徒刑二年；犯受贿罪，判处有期徒刑一年，决定合并执行有期徒刑三年，缓刑四年。被告人黄某犯重大责任事故罪，判处有期徒刑二年，缓刑三年。被告人许某犯重大责任事故罪，免予刑事处罚。被告人曾某犯重大责任事故罪，免予刑事处罚。被告人柳某所得赃款人民币 26000 元予以追缴。

案例 4：总监理工程师怠于履行相关职责，造成事故构成重大责任事故罪

案号：（2018）赣 08 刑终 210 号

被告人刘某系某水电站工程监理部专业监理工程师、总监理工程师。被告人许某系某水电开发有限公司副总经理，主管工程技术和生产。

39

2013 年 8 月 13 日凌晨，该水电站工程发生隧洞塌方事故，事故造成 4 人死亡、1 人受伤。对爆破方式和未及时支护等问题，被告人许某、刘某多次口头要求施工单位整改，在由刘某主持、建设单位、施工单位、勘察设计单位参会的例行会议中，刘某多次提出并要求施工单位予以整改，并以监理部的名义下发会议纪要至各参建单位。

法院认为，刘某身为项目工程监理部总监理工程师，对工程施工单位在隧洞开挖方式、支护时间、爆破方式等方面存在严重违反施工规范的情形，随时可能发生坍塌事故，并且已经发生两次小规模塌方的情况下，未引起足够的重视，虽然下发了会议纪要和监理书面通知要求施工单位进行整改，但在施工单位未执行监理机构指示，未整改到位的情况下，未采取果断有效措施制止违规施工，未按相关规定要求下令施工单位暂停施工，也未向行政主管部门报告。刘某怠于履行总监的相关职责，放任施工单位违规施工，导致发生安全事故，且对事故发生负有直接责任，犯重大责任事故罪，一审判处有期徒刑二年。二审改判有期徒刑一年。

许某身为项目建设单位的副总经理，违规开工，对施工中工程参与各方程序混乱怠于履行相关职责，且对事故发生负有直接领导责任，犯重大责任事故罪。一审判处有期徒刑一年。二审改判有期徒刑十个月。

二、工程重大安全事故罪法律分析

（一）法律规定

《刑法》第一百三十七条 【工程重大安全事故罪】建设单位、设计单位、施工单位、工程监理单位违反国家规定，降低工程质量标准，造成重大安全事故的，对直接责任人员，处五年以下有期徒刑或者拘役，并处罚金；后果特别严重的，处五年以上十年以下有期徒刑，并处罚金。

（二）立案标准

根据最高人民法院、最高人民检察院《关于办理危害生产安全刑事案件适用法律若干问题的解释》（法释〔2015〕22 号）规定，实施《刑法》第一百三十七条规定的行为，因而发生安全事故，具有下列情形之一的，应当认定为"造成重大安全事故"，对直接责任人员，处五年以下有期徒刑或者拘役，并处罚金。（一）造成死亡一人以上，或者重伤三人以上的；（二）造成直接经济损失一百万元以上的；（三）其他造成严重后果或者重大安全事故的情形。

此外，后果特别严重的，处五年以上十年以下有期徒刑，并处罚金。

后果特别严重是指：（一）造成死亡三人以上或者重伤十人以上，负事故主要责任的；（二）造成直接经济损失五百万元以上，负事故主要责任的；（三）其他造成特别严重后果、情节特别恶劣或者后果特别严重的情形。

需要特别指出的是，工程重大安全事故罪的量刑高于重大责任事故罪。犯重大责任事故罪处三年以下有期徒刑或者拘役；情节特别恶劣的，处三年以上七年以下有期徒刑。而工程重大安全事故罪的直接责任人员，处五年以下有期徒刑或者拘役，并处罚金；后果特别严重的，处五年以上十年以下有期徒刑，并处罚金。

（三）犯罪构成

1. 主体

工程重大安全事故罪的主体是建设单位、设计单位、施工单位及工程监理单位。建设单位即业主。设计单位是专门承担勘察设计任务的勘察设计单位以及其他承担勘察设计任务的勘察设计单位。施工单位则是按照建筑设计单位的设计及各种标准、要求进行建筑物建设的单位。工程监理单位是受建筑单位聘请，担任工程质量监督工作，以保证质量、安全的单位。

2. 主观方面

工程重大安全事故罪在主观方面表现为过失。行为人明知是违反了国家规定，应当预见到可能发生严重后果，但因疏忽大意而没有预见，或者已经预见到会发生某种严重后果，但轻信能够避免，以致发生了严重后果。

3. 客体

工程重大安全事故罪侵犯的客体是人民的财产和生命安全以及国家的建筑管理制度。

4. 客观方面

工程重大安全事故罪在客观方面表现为违反国家或国务院有关管理部门制定发布的有关建筑工程质量的法律、行政法规的规定，降低工程质量标准的行为。如业主单位要求建筑设计单位或者施工企业压缩工程造价或增加建房的层数，从而降低工程质量；提供不合格的建筑材料、构配件和设备，强迫施工单位使用，从而造成工程质量下降。设计单位不按质量标准进行设计。建筑施工单位偷工减料、不按设计图纸施工、不按施工技术标准施工。施工单位降低水泥标号，使用不合格的残次建筑材料，违反操作规程粗制滥造，不实行严格的质量检测等。

如本节案例3，涉案人员之所以没有认定工程重大安全事故罪立案，是因为涉案人员虽有违反国家规定的作业行为，但是并没有降低工程质量标准的犯罪事实，所以按重大责任事故罪定案。

5. 因果关系

工程重大安全事故罪是结果犯，即必须造成了重大安全事故才构成本罪。这是区分罪与非罪的重要界限。重大安全事故是指该建筑工程在建设中以及交付使用后，由于达不到质量标准或者存在严重问题，导致楼房倒塌、桥梁断裂、铁路塌陷，造成人员伤亡或者火车、汽车等交通工具倾覆事故。本罪的因果关系指严重后果是由于违反国家规定的行为引起的，即致人重伤、死亡或重大经济损失的情况是因为工程质量下降导致的。如果违反国家规定的行为与严重后果之间没有因果联系，则不构成本罪。

三、防范要点

电力工程建设的参与主体众多。从案例3和案例4看，建设单位、施工单位、监理单位虽然没有构成工程重大安全事故罪，但相关责任人员还是触犯了重大责任事故罪。根据裁判文书网已有的裁判案例分析，项目设计、监理单位被追究重大责任事故罪的情况不在少数。各个参与主体应当严格依据有关法律规定及合同的约定，履行各自的安全生产职责和义务。具体包括以下两个方面：

（一）各项目主体应履行好各自的安全职责

根据《建设工程质量管理条例》，建设单位应当将工程发包给具有相应资质等级的单位。建设单位不得将建设工程肢解发包。建设单位应当依法对工程建设项目的勘察、设计、施工、监理以及与工程建设有关的重要设备、材料等的采购进行招标。建设单位必须向有关的勘察、设计、施工、工程监理等单位提供与建设工程有关的原始资料。建设工程发包单位不得迫使承包方以低于成本的价格竞标，不得任意压缩合理工期。建设单位不得明示或者暗示设计单位或者施工单位违反工程建设强制性标准，降低建设工程质量。施工图设计文件未经审查批准的，不得使用。

勘察设计单位应当根据勘察成果文件进行建设工程设计。设计文件应当符合国家规定的设计深度要求，注明工程合理使用年限。在设计文件中选用的建筑材料、建筑构配件和设备，勘察设计单位应当注明规格、型号、性能等技术指标，其质量要求必须符合国家规定的标准。除有特殊要求的建筑材料、专用设备、工艺生产线等外，勘察设计单位不得指定生产厂、供应商。

施工单位应当依法取得相应等级的资质证书，并在其资质等级许可的范围内承揽工程。施工单位不得转包或者违法分包工程。施工单位对建设工程的施工质量负责。建设工程实行总承包的，总承包单位应当对全部建设工程质量负责；建设工程勘察、设计、施工、设备采购的一项或者多项实行总承包的，总承包单位应当对其承包的建设工程或者采购的设备质量负责。施工总承包商的管理人员应当具备相应的管理资质，施工总承包商应当合理使用安全生产费用，专款专用，不得挪作他用。

工程监理单位应当依法取得相应等级的资质证书，并在其资质等级许可的范围内承担工程监理业务。禁止工程监理单位超越本单位资质等级许可的范围或者以其他工程监理单位的名义承担工程监理业务。禁止工程监理单位允许其他单位或者个人以本单位的名义承担工程监理业务。工程监理单位不得转让工程监理业务。工程监理单位与被监理工程的施工承包单位以及建筑材料、建筑构配件和设备供应单位有隶属关系或者其他利害关系的，不得承担该项建设工程的监理业务。工程监理单位应当依照法律法规以及有关技术标准、设计文件和建设工程承包合同，代表建设单位对施工质量实施监理，并对施工质量承担监理责任。

（二）强化电力设施设计、运行、维护各环节合规性证据的保全

电力设施的设计、运行、维护是否符合相关法律法规要求及有关国家标准、行业标准的规定，是衡量各方是否存在"过错"的重要依据。项目各方不仅应履行好相应的职责，还应注意对相关设计运行规程、巡视记录、维护记录、处理工单、调度运行记录等日常管理资料的收集、保管工作，建立严密的档案保管制度，规避相应的责任风险。

第四节　安全生产设施、条件与重大劳动安全事故罪风险

一、参考案例

案例 1：技改过程中安全生产设施不符合规定，发生重大伤亡构成重大劳动安全事故罪

案号：（2018）湘 1225 刑初 75 号

被告人隋某为某公司董事长、法定代表人；郑某为某公司董事、副总经理、安全领导小组副组长和 1 号矿井分管领导；廖某为某公司执行总经理、安全领导小组组长和 1 号矿井承包人；吴某为公司董事、总矿长和 3 号矿井承包人；张某甲为公司 1 号矿井矿长、安全领导小组成员；张某乙为公司副总经理和安全领导小组副组长。

2017 年 10 月 3 日，工人杨某某、张某甲、代某某在矿井巷道无通风设施的情况下，仅戴安全帽和矿灯进入 1 号矿井施工，造成 2 名作业人员和 1 名施救人员中毒窒息死亡。事故发生的直接原因是井内有毒有害气体聚积巷道内，受排水影响，水位下降，巷道内的有毒有害气体突然高浓度地涌入事故地点；矿井采用自然通风，未按技改"安全设施设计"安装通风扇，个人未配备自救器；事故发生后，在无任何安全装备和未采取通风的情况下进入事故现场施救，救援人员被有毒有害气体所伤致死，导致事故扩大。

法院认为，该公司在技改过程中，安全生产设施和安全生产条件不符合国家规定，因而发生重大伤亡事故，造成 3 人死亡，隋某、郑某、廖某、吴某作为公司直接负责的主管人员，张某甲作为 1 号矿井的直接责任人员，其行为均触犯《刑法》第一百三十五条之规定。判决：被告人隋某、郑某、廖某、张某甲、吴某、张某乙犯重大劳动安全事故罪，各判处有期徒刑三年，与各自的不报、谎报安全事故罪数罪并罚；禁止被告人隋某、郑某、廖某、张某甲、吴某、张某乙在缓刑考验期限内从事与安全生产相关联的特定活动。

案例 2：明知安全防护措施不符合规定，组织非法采矿发生重大伤亡构成重大劳动安全事故罪

案号：（2014）滦刑初字第 109 号

被告人赵某甲系某矿业有限公司的法定代表人。2013 年 9 月 29 日，县人民政府根据有关规定决定，关闭该矿业有限公司，注销其采矿许可证、安全生产许可证、工商营业执照，禁止从事生产及相关活动。被告人赵某甲作为法定代表人虽已明知不能进行采矿作业，且在明知存在流沙滑坡的安全隐患、安全防护措施不符合国家规定的情况下，未采取任何安全防护措施，仍然组织工人非法生产，导致发生流沙滑坡掩埋 4 名工人的重大伤亡事故。法院判决赵某甲犯重大劳动安全事故罪，判处有期徒刑三年，缓刑四年。

案例 3：泳池用电安全隐患未治理造成重大伤亡构成过失致人死亡罪

案号：（2015）潮平法刑初字第 194 号

2009 年以来，被告人吴某经营某儿童游泳场。因被告人吴某平时对该游泳场的用电安全等设施疏于管理，对存在的用电安全隐患没有及时采取防护措施。2015 年 7 月 10 日 15 时，该游泳场发生电路漏电，致使在游泳池内的 2 人被电击致死，8 人被电击伤。法院判决被告人吴某犯过失致人死亡罪，判处有期徒刑六年。

案例 4：吊装布带陈旧性破损仍继续使用，致人死亡构成重大劳动安全事故罪

案号：（2019）闽 0681 刑初 294 号

被告人朱某洋系某项目负责人。被告人朱某华系吊车操作工。2017 年 12 月 7 日 13 时 30 分许，被告人朱某洋作为项目负责人，负责该公司在该市环境再生能源有限公司废料清理工作的协调和安全管理，在日常巡查过程中，未能严格执行公司制定的安全生产规章制度和安全操作规程，未按时按规检查吊装布带可靠性，在吊装布带表面陈旧性破损、起毛、松脱现象明显的情况下，仍继续施工作业，致使被告人朱某华无证驾驶叉车将用该吊装布带和手拉葫芦固定的废旧卸料门搬运至堆放区时，因卸料门前端过低无法堆放，徐某上前调整手拉葫芦的过程中，吊装布带断裂，卸料门掉落并砸中徐某致其受伤，经送医院抢救无效死亡的责任事故。法院判决被告人朱某华犯重大责任事故罪，判处有期徒刑九个月，缓刑一年；被告人朱某洋犯重大劳动安全事故罪，判处有期徒刑六个月，缓刑一年。

二、重大劳动安全事故罪概述

(一)法律规定

《刑法》

第一百三十五条 【重大劳动安全事故罪】安全生产设施或者安全生产条件不符合国家规定,因而发生重大伤亡事故或者造成其他严重后果的,对直接负责的主管人员和其他直接责任人员,处三年以下有期徒刑或者拘役;情节特别恶劣的,处三年以上七年以下有期徒刑。

(二)立案标准

根据最高人民法院、最高人民检察院《关于办理危害生产安全刑事案件适用法律若干问题的解释》第六条,安全生产设施或者安全生产条件不符合国家规定,具有下列情形之一的,构成重大劳动安全事故罪,对相关责任人员,处三年以下有期徒刑或者拘役:

(一)造成死亡一人以上,或者重伤三人以上的;

(二)造成直接经济损失一百万元以上的;

(三)其他造成严重后果或者重大安全事故的情形。

具有下列情形之一的,对相关责任人员,处三年以上七年以下有期徒刑:

(一)造成死亡三人以上或者重伤十人以上,负事故主要责任的;

(二)造成直接经济损失五百万元以上,负事故主要责任的;

(三)其他造成特别严重后果、情节特别恶劣或者后果特别严重的情形。

(三)犯罪构成

1. 主体

根据最高人民法院、最高人民检察院《关于办理危害生产安全刑事案件适用法律若干问题的解释》第三条,重大劳动安全事故罪的"直接负责的主管人员和其他直接责任人员",是指对安全生产设施或者安全生产条件不符合国家规定负有直接责任的生产经营单位负责人、管理人员、实际控制人、投资人,以及其他对安全生产设施或者安全生产条件负有管理、维护职责的人员。即单位中对排除事故隐患、防止事故发生负有职责义务的主管人员和其他直接责任人员。

2．主观方面

主观方面表现为过失。

3．客体

重大劳动安全事故罪侵害的客体是工厂、矿山、林场、建筑企业或者其他企业、事业单位的劳动安全，即劳动者的生命、健康和重大公私财产安全。

4．客观方面

客观表现为工厂、矿山等企业、事业单位的劳动安全设施或者生产条件不符合国家标准，因而发生重大伤亡事故或者造成其他严重后果的行为。

安全设施或者安全生产条件主要指的是为了防止和消除在生产过程中的伤亡事故，防止生产设备遭到破坏，用以保障劳动者安全的技术设备、设施和各种用品，主要有防护装置、保险装置、信号装置、危险牌示和识别标志等。劳动安全设施或者安全生产条件必须符合国家规定，即符合国家立法机关、生产主管部门制定颁布的一系列保护安全生产、保障劳动者人身和财产安全和合法权益的法律、法规和规章制度中制定的标准。

（四）相关界限

重大劳动安全事故罪与过失致人死亡罪的区别。对比本节案例1、2和案例3，同样是安全设施、设备不符合要求造成重大事故侵害他人的生命权，游泳池的用电设施不符合要求，与矿山的安全生产设施不符合要求，经营者或责任人所犯的罪名不一样，量刑标准也有所区别，过失致人死亡罪的量刑明显高于重大劳动安全事故罪。裁判文书显示，案例3中导致被害人死伤的非为保护劳动者生命财产安全而设的安全设施或安全生产条件不符合国家规定而导致，是游泳池的普通照明电路漏电，被告人吴某对于插座、电线出现的安全隐患没有引起足够重视，轻信能够避免损害结果的发生，没有尽到自己的义务，其过失与被害人死亡结果有因果关系，所以构成了过失致人死亡罪。

三、防范要点

为了保护劳动者的劳动安全，防止和消除劳动者在劳动和生产过程中的伤亡事故，保障劳动者以健康的劳动力参加社会生产，促进劳动生产率的提高以及防止生产设备遭到破坏，国家规定，用人单位必须建立、健全劳动安全卫生制度，为劳动者创造安全、卫生、舒适的劳动工作条件，保证劳动者在劳动过程中所必需的物质设备条件，按照各种安全技术规程使各种生产设备达到安全标准，切实保护劳动者的劳动安全。

（一）保证资金投入，确保安全生产设施符合国家和行业要求

关于安全生产设施和安生生产条件，《安全生产法》第二章"生产经营单位的安全生产保障"明确要求，生产经营单位新建、改建、扩建工程项目的安全设施，必须与主体工程同时设计、同时施工、同时投入生产和使用。安全设施投资应当纳入建设项目概算。该法还规定，生产经营单位的决策机构、主要负责人或者个人经营的投资人不依照本法规定保证安全生产所必需的资金投入，致使生产经营单位不具备安全生产条件的，由安全监督部门责令限期改正，提供必需的资金；逾期未改正的，责令生产经营单位停产停业整顿。除对单位的处罚外，生产经营单位的主要负责人也将面临处分甚至承担刑事责任。

（二）加强日常维护和外包队伍检查，确保安全生产设施状态良好

相对于矿山、建筑等行业，供电企业在安全生产、劳动保护方面的资金投入相对充足，安全生产保障方面的制度相对健全，责任落实较为到位。《安规》规定的作业条件均能够满足，作业现场的生产条件、安全设施、作业机具和安全工器具等也符合国家或行业标准规定的要求，安全工器具和劳动防护用品也大多合格齐备。经常有人工作的场所及施工车辆上做到了配备急救箱，存放急救用品，并专人检查、补充或更换。在有较大危险因素的生产经营场所和有关设施、设备上，均设置了明显的安全警示标志。

虽然供电企业的劳动生产设施和安全生产条件一般都能够满足要求，但还是需要关注两个方面：一是一次投入后，还要严格按照《安规》的要求，加强后期维护，确保安全生产设施、安全生产工器具、个人劳动防护用品等满足规定的要求。二是要加强外包队伍安全生产设施和安全生产条件的检查，发现不符合规定的情况应及时制止，确保电力建设和作业安全。

第五节　组织活动的大型群众性活动重大安全事故罪风险

一、参考案例

案例 1：组织农村庙会发生事故，构成大型群众性活动重大安全事故罪

案号：（2014）太少刑初字第 36 号

2014 年 4 月 29 日上午，被告人陈某在未向公安机关申请备案，未经审批、许可的情况下，在某村组织举办大型群众性庙会活动。在该庙会进行过程中，因燃放炮竹发生重大事故，造成赶庙会的小孩陈某甲死亡。案发后双方民事部分已达成和解。法院认为，被告人陈某举办大型群众性活动违反安全管理规定，因而造成一人死亡的严重后果，其行为已构成大型群众性活动重大安全事故罪。判处被告人陈某有期徒刑一年，缓刑二年。

案例 2：组织冬泳未获许可且无安全措施发生事故，构成大型群众性活动重大安全事故罪

案号：（2017）渝 0106 刑初 1326 号

2016 年 4 月，被告人王某与赵某经共同商议决定，于 2016 年 5 月在某江附近举办庆"五一"主题的游泳、皮划艇水上活动，并决定二人共同负责该活动相关审批手续的办理及活动方案的制订和实施，王某负责游泳活动参加人员的召集，赵某负责与赞助商联系、媒体宣传及皮划艇活动参加人员的召集。王某和赵某共同制订了该次活动的方案并向公安机关、海事局、体育局等主管单位申请该活动的审批手续，但因活动安全措施不足等问题未获得相关部门的活动许可。2016 年 4 月 29 日，在未制订符合规定的安全工作方案、未制订突发事件应急预案、未采取足够安全保障措施、未取得相关政府行政管理部门审批同意且活动未开始前，属地派出所已经责令取消该次活动的情况下，王某、赵某仍以该区冬泳协会、该区皮划艇协会及某体育文化传播有限公司等名义，在某江附近组织"皮划艇漂流&千人冬泳"活动，导致参与游泳活动的田某某、雷某某溺水死亡的重大安全事故。法院判决被告人王某犯大型群众性活动重大

安全事故罪，判处有期徒刑一年，缓刑一年；被告人赵某犯大型群众性活动重大安全事故罪，判处有期徒刑十个月，缓刑一年。

二、大型群众性活动重大安全事故罪概述

（一）法律规定

《刑法》

第一百三十五条 之一 【大型群众性活动重大安全事故罪】举办大型群众性活动违反安全管理规定，因而发生重大伤亡事故或者造成其他严重后果的，对直接负责的主管人员和其他直接责任人员，处三年以下有期徒刑或者拘役；情节特别恶劣的，处三年以上七年以下有期徒刑。

（二）立案标准

根据最高人民法院、最高人民检察院《关于办理危害生产安全刑事案件适用法律若干问题的解释》第六条，举办大型群众性活动违反安全管理规定，因而发生安全事故，具有下列情形之一的，构成大型群众性活动重大安全事故罪，对相关责任人员，处三年以下有期徒刑或者拘役：

（一）造成死亡一人以上，或者重伤三人以上的；

（二）造成直接经济损失一百万元以上的；

（三）其他造成严重后果或者重大安全事故的情形。

具有下列情形之一的，对相关责任人员，处三年以上七年以下有期徒刑：

（一）造成死亡三人以上或者重伤十人以上，负事故主要责任的；

（二）造成直接经济损失五百万元以上，负事故主要责任的；

（三）其他造成特别严重后果、情节特别恶劣或者后果特别严重的情形。

（三）犯罪构成

1. 主体

大型群众性活动重大安全事故罪的主体是特殊主体，即大型群众性活动的举办者或者举办单位直接负责的主管人员，以及对该活动的安全保卫工作负有直接责任的人员。大型集会、焰火晚会、灯会等群众性活动由地方政府或者政府部门协调举办的，应当区分是由政府主办还是以政府的名义举办。如果是政府主办，地方政府或政府部门中作为主管人

员、其他直接责任人员的国家机关工作人员，为本罪的主体。如果以政府的名义举办，则具体承办单位的主管人员和其他责任人员是本罪的主体。直接负责的主管人员和其他直接责任人员，既可以是非国家工作人员，也可以是国家工作人员。

2. 主观方面

大型群众性活动重大安全事故罪的主观方面为过失，即行为人应当预见到自己在大型群众性活动中的违反安全管理规定的行为，可能会造成重大伤亡事故或其他严重后果，因为疏忽大意而没有预见；或虽然已经预见，但轻信能够避免，因而造成重大伤亡事故或其他严重后果。

3. 客观

大型群众性活动重大安全事故罪侵犯的客体是公众活动场所的公共安全，即公园、娱乐场，运动场、展览馆或者其他供社会公众活动场所中不特定或多数人的生命、健康或重大公私财产的安全。

4. 客观方面

大型群众性活动重大安全事故罪在客观方面表现为在举办大型的群众性活动中，违反在公共场所举办群体性活动的安全管理规定，没有履行相应的注意义务，造成了重大的伤亡事故或其他严重后果。

（四）相关界限

应注意大型群众性活动重大安全事故罪与意外事故之间的界限。大型群众性活动重大安全事故罪与公众活动场所发生的意外事故的区别在于，大型群众性活动重大安全事故罪行为人主观上应当预见到自己在大型群众性活动中的违反安全管理规定的行为，可能会造成重大伤亡事故或者其他严重后果，因为疏忽大意而没有预见；或者虽然已经预见，但轻信能够避免，因而造成重大伤亡事故或其他严重后果。而公众活动场所发生的意外事故，是指由于不可预见、不可控制的因素，引发的公众活动场所的人员伤亡或公私财产的重大损失。

三、防范要点

近年来，社会各界举办的体育、音乐等各类各种形式的大型群众性活动不断增加，供电企业的保供电任务也日益繁重，相关的安全责任和防范措施应引起重视。

（一）加强大型活动保供电的组织和管理

根据群众性文化体育活动治安管理的相关办法，因举办者或者场地管理者失职等原因造成治安事故的，相关人员应当承担相应的行政、民事和刑事责任。为此，供电企业承接大型群众性活动的保供电任务时，应关注以下四点：①规范承接大型活动保供电任务，尽量避免承接纯商业性的现场保供电工作。②制订大型活动保供电的预案并报主办部门备案。③活动现场的事前、事中安全检查应切实落实到位。④严格保供电现场纪律，发电车、值班力量等要按照预案安排组织落实。

（二）落实活动的组织程序和安全措施

除为其他单位组织大型群众性活动提供保供电服务外，供电企业也可能自行举办大型群众性活动。根据群众性文化体育活动治安管理的相关规定，在公园、风景游览区、游乐园、广场、体育场（馆）、展览馆、俱乐部、公共道路、居民生活区等公共场所举办演唱会、音乐会、游园、灯会、花会、龙舟会、体育比赛、民间竞技、健身等群众性文化体育活动，应当向所在地县级以上公安机关提出书面申请，应当对活动的具体内容、安全保卫措施承担全部责任，并制订安全保卫工作方案。

供电企业组织大型群众性活动应按照"谁主管谁负责"的原则，精心组织、周密部署。要成立专门的安全保卫机构，制定安全保卫工作方案，全面实行安全责任制，确保各项安全措施的落实。根据场地的容量，严格控制参加活动的人数；对场地内的通道、阶梯、桥梁、出入口等容易发生意外的地点，要指定专人负责安全，组织疏导群众；要组织机动力量，防止和及时妥善处置踩踏、坍塌、火灾等事故。

第六节　事故处理的不报、谎报安全事故罪风险

一、参考案例

案例1：矿井重大事故未按要求上报，6名相关人员构成不报安全事故罪

案号：（2018）湘 1225 刑初 75 号

2017 年 10 月 3 日，某公司工人杨某某、张某 1、代某某在矿井巷道

无通风设施的情况下，仅戴安全帽和矿灯入 1 号矿井施工。事故发生后施救不科学，造成 2 名作业人员和 1 名施救人员中毒窒息死亡。事故发生后，2017 年 10 月 3 日至 5 日 10:30 分之前，无人向当地政府、安全监管、公安等部门报告矿山发生安全事故的情况。

法院认为，被告人隋某为公司董事长、法定代表人；郑某为该公司董事、副总经理、安全领导小组副组长和 1 号矿井分管领导；廖某为该公司执行总经理、安全领导小组组长和 1 号矿井承包人；吴某为该公司董事、总矿长和 3 号矿井承包人；张某 1 为该公司 1 号矿井矿长、安全领导小组成员；张某 2 为该公司副总经理和安全领导小组副组长，六被告人均为负有报告职责的人员，在安全事故发生后，串通不报事故情况，贻误事故抢救，情节严重。遂以不报、谎报安全事故罪，判处被告人郑某拘役六个月，廖某拘役六个月，隋某拘役六个月，张某 1 拘役五个月，吴某拘役五个月，张某 2 拘役五个月，与本案各被告人所犯的重大劳动安全事故罪，数罪并罚。

案例 2：事故后虽谎报但积极组织抢救，不构成谎报安全事故罪

案号：（2017）陕 0803 刑初 177 号

被告人雷某某为矿长，主持矿井全面工作；矿建施工由某公司负责承建，被告人陈某某接受该公司的委托担任煤矿项目部经理，负责承建煤矿资源整合项目井巷工程建设等工作。

2016 年 8 月 18 日，省煤矿安全监察局某监察分局联合区煤炭局对煤矿进行了安全检查，发现该煤矿在联合试运转期间违反《煤矿矿井生产系统联合试运转方案》进行违法生产的行为，并出具了现场处理决定书，责令该矿立即停止在批准区域之外的生产活动，撤出人员和设备，封闭所有连通巷道。

然而，该矿矿长雷某某并未执行，陈某某继续在首采工作面以外布置的 1305、1307 两个房柱式工作面无规程组织生产。2016 年 9 月 17 日 20 时 30 分许，煤矿 1307 工作面采空区发生顶板大面积冒落事故，造成 4 人死亡、5 人受伤，经济损失 823.2 万元。

事故发生后，被告人陈某某积极组织工人下井救援，但也指使知情人员作假证，且在调查组要求上报该事故死亡人数时隐瞒了其中 2 人死亡的消息。2017 年 3 月 18 日，被告人陈某某将谎报死亡人数情况告诉了被告

人雷某某。法院对辩护人关于"不报,谎报事故罪必须同时具备两个条件,一是贻误事故抢救,二是情节严重。事故发生后,被告人积极组织,参与事故抢救,积极与被害人家属取得联系,主动足额赔偿了被害人的经济损失,被告人陈某某依法不构成不报、谎报安全事故罪"的观点予以采纳。判决:被告人陈某某犯重大责任事故罪,判处有期徒刑三年,缓刑四年;被告人雷某某犯重大责任事故罪,判处有期徒刑三年,缓刑三年。

二、不报、谎报安全事故罪概述

(一)法律规定

《刑法》

第一百三十九条之一 【不报、谎报安全事故罪】在安全事故发生后,负有报告职责的人员不报或者谎报事故情况,贻误事故抢救,情节严重的,处三年以下有期徒刑或者拘役;情节特别严重的,处三年以上七年以下有期徒刑。

(二)立案标准

根据最高人民法院、最高人民检察院《关于办理危害生产安全刑事案件适用法律若干问题的解释》第八条,在安全事故发生后,负有报告职责的人员不报或者谎报事故情况,贻误事故抢救,具有下列情形之一的,应当认定为《刑法》第一百三十九条之一规定的"情节严重":

(一)导致事故后果扩大,增加死亡一人以上,或者增加重伤三人以上,或者增加直接经济损失一百万元以上的;

(二)实施下列行为之一,致使不能及时有效开展事故抢救的:

(1)决定不报、迟报、谎报事故情况或者指使、串通有关人员不报、迟报、谎报事故情况的;

(2)在事故抢救期间擅离职守或者逃匿的;

(3)伪造、破坏事故现场,或者转移、藏匿、毁灭遇难人员尸体,或者转移、藏匿受伤人员的;

(4)毁灭、伪造、隐匿与事故有关的图纸、记录、计算机数据等资料以及其他证据的;

(三)其他情节严重的情形。

具有下列情形之一的,应当认定为刑法第一百三十九条之一规定的

"情节特别严重":

（一）导致事故后果扩大，增加死亡三人以上，或者增加重伤十人以上，或者增加直接经济损失五百万元以上的；

（二）采用暴力、胁迫、命令等方式阻止他人报告事故情况，导致事故后果扩大的；

（三）其他情节特别严重的情形。

可见，及时有效开展事故抢救是不报、谎报安全事故罪的重要情节之一。

（三）量刑情节

1. 从轻情节

根据最高人民法院、最高人民检察院《关于办理危害生产安全刑事案件适用法律若干问题的解释》第十三条，在安全事故发生后积极组织、参与事故抢救，或者积极配合调查、主动赔偿损失的，可以酌情从轻处罚。

2. 从重情节

根据最高人民法院、最高人民检察院《关于办理危害生产安全刑事案件适用法律若干问题的解释》第十二条，在安全事故发生后，负有报告职责的人员不报或者谎报事故情况，贻误事故抢救具有下列情形之一的，从重处罚：

（一）未依法取得安全许可证件或者安全许可证件过期、被暂扣、吊销、注销后从事生产经营活动的；

（二）关闭、破坏必要的安全监控和报警设备的；

（三）已经发现事故隐患，经有关部门或者个人提出后，仍不采取措施的；

（四）一年内曾因危害生产安全违法犯罪活动受过行政处罚或者刑事处罚的；

（五）采取弄虚作假、行贿等手段，故意逃避、阻挠负有安全监督管理职责的部门实施监督检查的；

（六）安全事故发生后转移财产意图逃避承担责任的；

（七）其他从重处罚的情形。

实施前款第五项规定的行为，同时构成《刑法》第三百八十九条规定的犯罪的，依照数罪并罚的规定处罚。

55

（四）犯罪构成

1. 主体

不报、谎报安全事故罪的犯罪主体为对安全事故"负报告职责的人员"。根据最高人民法院、最高人民检察院《关于办理危害生产安全刑事案件适用法律若干问题的解释》第四条，不报、谎报安全事故罪的"负有报告职责的人员"，是指负有组织、指挥或者管理职责的负责人、管理人员、实际控制人、投资人，以及其他负有报告职责的人员。

2. 主观方面

不报、谎报安全事故罪的主观方面由故意构成。

3. 客体

不报、谎报安全事故罪侵犯的是安全事故监管制度。主要是针对某些事故单位的负责人和对安全事故负有监管职责的人员在事故发生后弄虚作假，结果延误事故抢救，造成人员伤亡和财产损失进一步扩大的行为而设置的。

4. 客观方面

不报、谎报安全事故罪的客观方面表现为在安全事故发生后，负有报告职责的人员不报或者谎报事故情况，贻误事故抢救，情节严重的行为。

（五）相关提示

（1）不报、谎报安全事故未构成犯罪的，也将面临相关行政处罚。《安全生产法》第九十一条规定，生产经营单位主要负责人在本单位发生重大生产安全事故时，不立即组织抢救或者在事故调查处理期间擅离职守或者逃匿的，给予降职、撤职的处分，对逃匿的处十五日以下拘留；构成犯罪的，依照《刑法》有关规定追究刑事责任。生产经营单位主要负责人对生产安全事故隐瞒不报、谎报或者拖延不报的，依照前款规定处罚。《安全生产法》第九十二条规定，有关地方人民政府、负有安全生产监督管理职责的部门，对生产安全事故隐瞒不报、谎报或者拖延不报的，对直接负责的主管人员和其他直接责任人员依法给予行政处分；构成犯罪的，依照《刑法》有关规定追究刑事责任。

（2）要避免升级为故意杀人罪或者故意伤害罪。根据最高人民法院、最高人民检察院《关于办理危害生产安全刑事案件适用法律若干问题的解释》第十条规定，在安全事故发生后，直接负责的主管人员和其他直接责任人员故意阻挠开展抢救，导致人员死亡或者重伤，或者为了逃避法律追究，对被害人进行隐藏、遗弃，致使被害人因无法得到救助而死亡或者重度残疾的，分别依照《刑法》第二百三十二条、第二百三十四条的规定，以故意杀人罪或者故意伤害罪定罪处罚。

三、防范要点

事故发生后，有关责任人未按照法律规定的程序进行报告，不报或者谎报事故情况，贻误事故抢救，情节严重的，将构成"不报、谎报安全事故罪"。因此，发生安全事故后，相关责任方在事故报告方面，应做好以下几点：

（一）发生安全事故后，要及时报告

《生产安全事故报告和调查处理条例》对生产安全事故报告程序和内容做了非常明确的要求。事故发生后，事故现场有关人员应当立即向本单位负责人报告；单位负责人接到报告后，应当于1小时内向事故发生地县级以上人民政府安全生产监督管理部门和负有安全生产监督管理职责的有关部门报告。安全生产监督管理部门和负有安全生产监督管理职责的有关部门逐级上报事故情况，每级上报的时间不得超过2小时。

涉及电力安全事故的，要求更为严格。根据《电力安全事故应急处置和调查处理条例》，事故现场有关人员应当立即向发电厂、变电站运行值班人员、电力调度机构值班人员或者本企业现场负责人报告。有关人员接到报告后，应当立即向上一级电力调度机构和本企业负责人报告。本企业负责人接到报告后，应当立即向国务院电力监管机构设在当地的派出机构、县级以上人民政府安全生产监督管理部门报告。此条规定的时间节点，均为"立即"。

（二）发生安全事故后，要如实报告

根据《电力安全事故应急处置和调查处理条例》，电力企业及其有关人员不得迟报、漏报或者瞒报、谎报事故情况。事故报告应当包括事故发生的时间、地点（区域）以及事故发生单位；已知的电力设备、设施损坏情况，停运的发电（供热）机组数量、电网减供负荷或者发电厂减少出力的数值、停电（停热）范围；事故原因的初步判断；事故发生后采取的措施、电网运行方式、发电机组运行状况以及事故控制情况；事故报告后出现新情况的，还应当及时补报。

（三）发生安全事故后，要全面汇报

不仅要及时、如实汇报，还应注意报告的层级和应向哪些单位部门汇报。如《生产安全事故报告和调查处理条例》规定，安全生产监督管理部门和负有安全生产监督管理职责的有关部门接到事故报告后，应当依照按规定上报事故情况，并通知公安机关、劳动保障行政部门、工会和人民检察院。《电力安全事故应急处置和调查处理条例》规定，热电厂事故影响热力正常供应的，还应当向供热管理部门报告；事故涉及水电厂（站）大坝安全的，还应当同时向有管辖权的水行政主管部门或者流域管理机构报告。

此外，还应注意，必要时，安全生产监督管理部门和负有安全生产监督管理职责的有关部门可以越级上报事故情况。

第七节　车辆驾驶人员的危险驾驶罪风险

一、参考案例

案例：醉酒驾驶机动车被判处拘役，单位解除劳动合同

案号：（2018）豫 1721 刑初 570 号

2018 年 11 月 13 日 21 时左右，被告人王某酒后驾驶小型汽车在某路口睡着，后被执勤民警发现并抽取了血样。经该县疾病预防控制中心检验，被告人王某血样中乙醇含量为 420 毫克/100 毫升，系醉酒驾驶机动车。法院判决被告人王某犯危险驾驶罪，判处拘役二个月，并处罚金人民币四千元。

此案件当事人为国有企业员工，事后被解除劳动合同。

二、危险驾驶罪概述

（一）法律规定

《刑法》

第一百三十三条 之一【危险驾驶罪】在道路上驾驶机动车，有下列情形之一的，处拘役，并处罚金：

（一）追逐竞驶，情节恶劣的；

（二）醉酒驾驶机动车的；

（三）从事校车业务或者旅客运输，严重超过额定乘员载客，或者严重超过规定时速行驶的；

（四）违反危险化学品安全管理规定运输危险化学品，危及公共安全的。

机动车所有人、管理人对前款第三项、第四项行为负有直接责任的，依照前款的规定处罚。

有前两款行为，同时构成其他犯罪的，依照处罚较重的规定定罪处罚。

（二）立案标准

危险驾驶罪分为两种情形：

一、追逐竞驶，情节恶劣的：情节恶劣限制了追逐竞驶的处罚范围。追逐竞驶，是指行为人在道路上高速、超速行驶，随意追逐、超越其他车辆，频繁、突然并线，近距离驶入其他车辆之前的危险驾驶行为。

二、在道路上醉酒驾驶机动车：车辆驾驶人员血液中的酒精含量大于或者等于 80 毫克/100 毫升的属于醉酒驾驶。

（三）量刑标准

根据最高人民法院、最高人民检察院、公安部 2013 年 12 月 18 日发布的《关于办理醉酒驾驶机动车刑事案件适用法律若干问题的意见》，危险驾驶罪的量刑参考如下：

一、在道路上驾驶机动车，血液酒精含量达到 80 毫克/100 毫升以上的，属于醉酒驾驶机动车，依照刑法第一百三十三条之一第一款的规定，以危险驾驶罪定罪处罚。

前款规定的"道路""机动车"，适用道路交通安全法的有关规定。

二、醉酒驾驶机动车，具有下列情形之一的，依照《刑法》第一百三十三条之一第一款的规定，从重处罚：

（一）造成交通事故且负事故全部或者主要责任，或者造成交通事故后逃逸，尚未构成其他犯罪的；

（二）血液酒精含量达到 200 毫克/100 毫升以上的；

（三）在高速公路、城市快速路上驾驶的；

（四）驾驶载有乘客的营运机动车的；

（五）有严重超员、超载或者超速驾驶，无驾驶资格驾驶机动车，使用伪造或者变造的机动车牌证等严重违反道路交通安全法的行为的；

（六）逃避公安机关依法检查，或者拒绝、阻碍公安机关依法检查尚未构成其他犯罪的；

（七）曾因酒后驾驶机动车受过行政处罚或者刑事追究的；

（八）其他可以从重处罚的情形。

三、醉酒驾驶机动车，以暴力、威胁方法阻碍公安机关依法检查，又构成妨害公务罪等其他犯罪的，依照数罪并罚的规定处罚。

（四）犯罪构成

1. 主体

危险驾驶罪的犯罪主体为一般主体，凡已满十六周岁且具有刑事责任能力的自然人均可以成为本罪主体。实践中主要是机动车驾驶员。

2. 主观方面

危险驾驶罪的主观方面表现为故意，即明知自己在道路上醉酒驾驶机动车或者在道路上驾驶机动车追逐竞驶的行为危害到公共安全而希望或放任这种状态的发生。

3. 客体

《刑法修正案（八）》将危险驾驶罪规定在"危害公共安全罪"一章。此罪侵犯的客体为公共安全，即危险驾驶的行为危及了公共安全，给公共安全带来了潜在的危险，即对不特定且多数人的生命、身体或者财产的危险。

4. 客观方面

危险驾驶罪的客观方面表现为在道路上醉酒驾驶机动车或者在道路上驾驶机动车追逐竞驶，且情节恶劣。

（1）行为条件：醉酒驾驶机动车或者驾驶机动车追逐竞驶。

（2）空间条件：醉酒驾驶机动车或者驾驶机动车追逐竞驶要在道路上进行。

（3）对象条件：驾驶的是机动车。由于《道路交通安全法》规定，驾驶电动自行车为非机动车，因此醉后驾驶电动自行车或驾驶电动自行车追逐竞驶的行为不构成危险驾驶罪。

（4）情节条件：情节恶劣。这里的"情节恶劣"不包括致人重伤或死亡的情形。因为危险驾驶罪只要有醉驾或追逐竞驶的行为即构成该罪，如果造成严重后果的，按照交通肇事罪或其他罪名处罚。

（五）相关界限

主要是危险驾驶罪与交通肇事罪、以危险方法危害公共安全罪的界定。

危险驾驶罪与交通肇事罪、以危险方法危害公共安全罪的共同之处：侵犯的客体均为公共安全。

危险驾驶罪与交通肇事罪、以危险方法危害公共安全罪三者之间的区别表现为以下四个方面：

一是主观方面不同。危险驾驶罪在主观上持希望或放任的故意。而交通肇事罪是典型意义上过失犯罪，主观上只能是过失。以危险方法危害公共安全罪要求主观上是故意，而过失以危险方法危害公共安全罪要求主观上为过失。

二是行为方式不同。危险驾驶罪只包括醉驾和追逐竞驶两种行为，交通肇事包括违反交通安全管理法律法规的行为，而以危险方法危害公共安全罪是指要求实施与"放火、决水、爆炸、投毒"以外但犯危险性相当的危险行为。

三是结果要求不同。危险驾驶罪是行为犯、情节犯，只要有醉驾或追逐竞驶的行为且情节恶劣即可，不要求造成实际的危害结果；交通肇事罪为结果犯，以危险方法危害公共安全罪为危险犯。

四是量刑不同。相比交通肇事罪、以危险方法危害公共安全罪，危险驾驶罪是一种较轻的犯罪，是对没有发生危害后果的危险驾驶行为的处罚。而交通肇事罪、以危险方法危害公共安全罪要求造成严重的后果，因此量刑较重。

三、防范要点

根据《劳动合同法》第三十九条第一款第六项规定，劳动者被依法追究刑事责任的，用人单位可以解除劳动合同。也就是说，如果员工因为有在道路上追逐竞驶、醉驾等行为被依法追究刑事责任，用人单位可以解除劳动合同，这是法律赋予用人单位的法定解除权。如果员工只是一般酒驾，被处以行政处罚，没有构成犯罪被依法追究刑事责任的，用人单位一般不能以该项理由解除劳动合同。本节重点讨论用人单位法定解除权的注意事项。

（一）用人单位单方解除劳动合同应履行相关程序

用人单位和员工可以协商解除劳动合同，两者也可以提前通知解除或单方解除劳动合同。用人单位以员工醉驾被依法追究刑事责任为由解除劳动合同，属于劳动合同解除中的用人单位单方解除劳动合同情形。根据《劳动合同法》第四十三条的规定，用人单位单方解除劳动合同，应当事先将理由通知工会。用人单位违反法律、行政法规规定或者劳动合同约定的，工会有权要求用人单位纠正。用人单位应当研究工会的意见，并将处理结果书面通知工会。因此用人单位单方解除劳动合同应履行"事先将解除劳动合同的理由通知工会"程序，否则将会被法院认定为解除劳动合同程序违法，属违法解除劳动合同。对此，《劳动合同法》第四十八条规定，劳动者要求继续履行劳动合同的，用人单位应当继续履行；劳动者不要求继续履行劳动合同或者劳动合同已经不能继续履行的，用人单位应当依照本法第八十七条规定支付赔偿金。当然，根据最高人民法院《关于审理劳动争议案件适用法律若干问题的解释（四）》第十二条规定，用人单位未事先通知工会，劳动者以用人单位违法解除劳动合同为由请求用人单位支付赔偿金的，人民法院应予支持，但起诉前用人单位已经补正有关程序的除外。也就是说，用人单位在解除劳动合同当时没有事先通知工会，但事后在起诉前补正通知程序的，用人单位可以不必支付赔偿金。

在司法实践中，除了事先通知工会外，还要求用人单位向员工送达解除劳动合同的通知。

（二）制定规章制度应履行民主程序，做好公示、告知工作

在实践中，用人单位除了援引《劳动合同法》第三十九条第一款第六项规定解除劳动合同外，还会以违反规章制度为由解除劳动合同。用人单位如果在规章制度中明确规定解除劳动合同的情形包括员工被依法追究刑事责任、严重违反规章制度等，当醉驾符合上述规定时，用人单位可以此为由解除劳动合同。

对此，用人单位事先应履行相关民主程序，做好宣贯、培训、告知等工作。根据《劳动合同法》第四条规定，用人单位在制定、修改或者决定有关劳动报酬、工作时间、休息休假、劳动安全卫生、保险福利、

职工培训、劳动纪律以及劳动定额管理等直接涉及劳动者切身利益的规章制度或者重大事项时，应当经职工代表大会或者全体职工讨论，提出方案和意见，与工会或者职工代表平等协商确定。用人单位应当将直接涉及劳动者切身利益的规章制度和重大事项决定公示，或者告知劳动者。用人单位制定的规章制度如有关于解除劳动合同的相关内容，也属于直接涉及劳动者切身利益的规章制度，应当经职工代表大会或者全体职工讨论，提出方案和意见，与工会或者职工代表平等协商确定，履行必要的民主程序。用人单位还应将规章制度进行公示或者告知员工，可通过入职（岗前）培训，规章制度考试，日常培训，口袋书学习，例会等形式进行宣贯，同时注意留存书面、照片、视频等证据。

另外，用人单位可与员工在劳动合同中约定解除劳动合同的情形。根据《劳动合同法》第三条的规定，订立劳动合同，应当遵循合法、公平、平等自愿、协商一致、诚实信用的原则。用人单位与员工在劳动合同中约定解除劳动合同的情形也应遵循上述原则。

（三）用人单位应及时处理员工醉驾事件

员工醉驾被依法追究刑事责任，若员工借故请假而实际上是被执行拘役刑罚的，用人单位在当时可能并不一定会发现员工的上述犯罪行为。此时，用人单位为"未知"。若用人单位当时就已知晓员工醉驾被依法追究刑事责任，却未与其解除劳动合同，以其他方式处理（如内退、留用察看、降职等）继续履行劳动合同或者仍与之签订劳动合同，那么用人单位在日后不能再次以上述理由与员工解除劳动合同。否则就会发生一事被多次处理的现象，违反诚信、公平原则。

四、用人单位与醉驾员工解除劳动合同纠纷的民事参考案例

案例 1：规章制度未明确规定的，用人单位不可解除劳动关系

案号：（2015）佛南法民一初字第 2048 号、（2016）粤 06 民终 4093 号

案情简介：2010 年 8 月 23 日被告何某入职原告某学校，何某于 2014 年因酒驾被行政拘留，学校当时并没有对此作出处理。2015 年 7 月 15 日某学校以何某教学质量低下，教学业绩差，绩效考核不合格，且存在酒驾被行政拘留的行为为由解除与何某的劳动关系。

一审法院认为，学校提交的规章制度未对"教学质量低下"作出明

确具体的评判标准，没有规定对考核不合格的员工直接予以辞退，绩效考核结果只是由学校单方出具，没有经过何某确认，也没有直接有效送达予何某，学校主张何某绩效考核不合格不成立。何某是于 2014 年因酒驾被行政拘留，但是学校当时并没有对此作出处理，而是直至 2015 年 7 月才以该事由作为解除劳动关系的原因之一，理据不充分，不予采纳。学校辞退何某理由不充分，应支付违法解除劳动关系的赔偿金予何某。二审法院驳回上诉，维持原判。

案例 2：员工因危险驾驶被判处刑罚后隐瞒，用人单位知情后可解除劳动合同

案号：（2016）苏 0117 民初 839 号、（2016）苏 01 民终 5063 号

案情简介：从 2006 年 4 月 1 日起，原告何某入职被告某保安公司后被安排在某派出所从事保安工作，双方最后一份劳动合同期限从 2013 年 1 月 1 日至 2017 年 12 月 31 日。2013 年 8 月 5 日，何某因犯危险驾驶罪被人民法院判处拘役一个月，罚金人民币一千元，拘役时间为 2013 年 7 月 30 日至 2013 年 8 月 29 日，何某未将被判处刑罚的事实告知保安公司。2015 年 12 月，市公安局在警务辅助人员信息化比对时发现何某受过刑事处罚，并将该情况通知公安分局。2015 年 12 月 24 日，保安公司在通知本单位工会后解除了与何某之间的劳动合同，并向何某出具了解除劳动合同的证明。

一审法院认为根据《劳动合同法》第三条第一款规定以及第三十九条规定，何某因危险驾驶被判处刑罚后向保安公司隐瞒，违反诚实信用原则，用人单位在获知实情后依法解除劳动关系符合法律规定。

二审法院认为何某因犯危险驾驶罪，此时用人单位享有对劳动合同的法定解除权。何某无法证明保安公司明知其酒驾一事仍与其签订劳动合同，用人单位解除劳动合同符合法律规定，遂驳回上诉，维持原判。

第八节　客户经理涉嫌玩忽职守罪的辩护意见参考

一、事故经过

根据国务院安委办《关于某矿业公司"5·7"重大中毒窒息事故的

通报》和该省发布的事故调查报告，事故经过如下：

2017 年 5 月 7 日，某非法冶炼小作坊违法排放一氧化碳等有毒有害气体，引发相邻某矿业有限责任公司（简称某煤矿）发生重大中毒窒息事故。非法冶炼小作坊位于某村关闭的煤矿工业广场内，主井口附近。没有办理相关证照，没有名称。非法冶炼小作坊于 2017 年 3 月 7 日开始建设，计划新建两套冶炼炉系统，用于从废电线、废电缆、废旧电路板等废弃电子垃圾中提炼含铜等金属。2017 年 4 月 30 日建成了第一套冶炼系统。另一套冶炼系统正在建设，冶炼炉主体尚未完成安装。冶炼小作坊已建成的冶炼炉系统，处理废弃电子垃圾的能力约为每小时 2 吨。

2017 年 5 月 2 日 23 点 30 分，刘某等人使用干柴和柴油在冶炼炉内点火，测试冶炼烟气能否从煤矿主井进入到废弃巷道。结果烟气从主井口排出，测试未成功。5 月 3 日、4 日，试产发现冶炼废气从风井口抽出后，周边植物被严重污染，非法冶炼小作坊的工人感到身体不适，立即停工处理。2017 年 5 月 6 日上午，刘某等购买了一台 11 千瓦的旧风机，安装在煤矿风井内 24 米处，往废弃巷道压风。17 时 30 分，试生产成功，有毒有害烟气压入煤矿废弃巷道。非法冶炼小作坊向煤矿井下排烟试产成功后，于 17 时 30 分开始生产，至 5 月 7 日凌晨 1 时，共加工废弃电子垃圾约 18 吨，投入化工煤约 1050 千克，提炼出含铜金属锭约 150 块，约 6000 千克。凌晨 2 时 30 分停工，并在冶炼炉内投入化工煤（约 100 千克）以保温留火。所产生的一氧化碳等有毒有害气体通过排烟通道进入煤矿井下废弃井巷内。经两矿原贯通巷道和采空区流到案发煤矿某作业地点。2017 年 5 月 7 日早班，煤矿生产副矿长邓某下井带班，共 171 人下井作业后，发生重大中毒窒息事故，共造成 18 人死亡、4 人重伤、33 人轻伤，直接经济损失 2056.6 万元。

二、涉及供电企业的相关情况

根据国务院安委办《关于某矿业公司"5·7"重大中毒窒息事故的通报》和该省发布的事故调查报告，涉及供电企业的内容主要有：

1. 非法冶炼小作坊供电情况

2017 年 3 月 20 日，刘某利用某煤业有限公司的户头，伪造委托书和公章，以加工煤矸石（送水泥厂做燃料）的名义，向该县供电公司客户中心申请供电，地址选在被关闭的煤矿工业广场内，主井口附近。2017年3月21日，县供电公司营销部业务负责人龙某现场勘查时，发现有一台变压器安装在非法冶炼小作坊变电室屋顶上，架空线已至配电房高压电杆，要求刘某请有资质的单位编制用电设计方案并按设计施工。2017年4月19日，刘某向县供电公司提供了补充资料。2017年4月28日验收并开始供电。

2. 事故原因和性质

根据通报，该事故的直接原因是：非法冶炼小作坊违法打开煤矿主井密闭，并在煤矿风井内安装局部通风机，将非法冶炼生产过程中产生的一氧化碳等有毒有害气体违法压入煤矿废弃井巷内；有毒有害气体通过与案发煤矿原贯通巷道和采空区涌入案发煤矿井下作业场所，造成作业人员中毒伤亡。

根据通报，该事故的直接原因共有非法冶炼小作坊非法生产、案发煤矿存在违规行为、该村支部和村委会未及时发现并报告非法冶炼小作坊非法建设和违法生产、该县环境保护局监管不到位、该县县委、县政府履职不到位等10条。其中涉及供电企业责任的在第3条，该县供电分公司违规向非法冶炼小作坊供电。主要表现为：

（1）审核把关不严。对非法冶炼小作坊新增用电用户报装申请资料中无项目批准文件、土地租赁协议无效、申请供电地址（关闭的煤矿）等内容未认真审核，未及时发现并责令纠正，也没有查验申请单位法人代表身份证原件。

（2）现场勘察、验收不规范。没有按照公司规定由客户服务中心、属地供电所和施工单位三个部门联合验收，仅由客户服务中心一个部门单独完成验收，且验收人员不具备全面履职能力，到现场勘查、验收时，发现现场设备与申请用途、地址不符等，仍然通过了勘查与验收并开始送电至被关闭的煤矿。

3. 处理建议

事故调查组对事故有关责任人员及责任单位提出了处理建议，涉及供电企业的有：

龙某，县供电公司营销部（客服中心）业务扩展专责，负责业扩工程的勘查和验收。以涉嫌玩忽职守罪，于2017年6月16日被市检察机关立案侦查，后取保候审。党纪政纪处分待司法机关结案后依规定作出。

苏某，县供电公司营销部市场班班长，负责用电报装资料审核等工作。工作失职，未按规定履行用电资料审核职责，违规进行审批。对事故的发生负有主要责任。根据《中国共产党纪律处分条例》第一百二十五条之规定，建议给予其党内严重警告处分。

田某，县供电公司营销部（客服中心）主任，负责营销部全盘工作。工作失职，对不符合规定的用电场所准予审核验收合格。对事故的发生负有主要责任。根据《中国共产党纪律处分条例》第一百二十五条之规定，建议给予其党内严重警告处分。

4. 事故防范和整改措施建议

事故调查组对事故防范和整改措施提出了建议，涉及供电企业的有：切实加强供电、用电安全监管。要求县供电公司按照《供电营业规则》规定的程序和要求，依法依规审查用电申请，对不符合规定要求的坚决不能办理。在勘查和验收中，要严格按程序、按规定检查，凡与申报材料不相符的，要认真核查，禁止通过。严禁向非法生产的企业供电。县电力监管部门要认真开展电力行政执法活动，打击违法违规供电、用电行为。

三、辩护意见参考

本次事故中的客户经理龙某被市检察机关以涉嫌玩忽职守罪立案侦查，后撤销案件。相对于本章第一节、第二节所收集的案例，本案取得了较为不同的结果。

以下是本案中供电企业方提出的关于客户经理不具备玩忽职守罪的实行行为，其行为与中毒窒息事故之间不具备刑法上的因果关系、不具备刑法上的违法性，不构成玩忽职守罪的意见，供读者参考。

（一）客户经理不具备玩忽职守罪的实行行为

根据《电力法》《电力供应与使用条例》《供电营业规则》的规定，供电企业在安全方面负有对用户供电条件勘查、供电方案确定及批复、受电工程设计审核、施工中间检查、竣工检验等审查义务，以保障电力运行安全和供用电安全。因此，作为供电企业客户经理的龙某，在安全方面的职守是通过在实质审查中履职尽责，避免发生危害电力运行安全和供用电安全的结果。

实行行为是具有造成法益侵害结果的危险的行为，如果行为本身不具有侵害法益的危险，就不成其为实行行为。本案中，中毒窒息事故是煤矿违规组织生产的行为、非法冶炼小作坊违规排放冶炼废气的行为共同直接造成。客户经理在具体履行职务行为时，在供电方案和供电合同中填写的用电行业分类不一致、违反"营销部牵头、运检部参与"的内部规定而独自进行验收，是违反企业内部规章制度的瑕疵，不属于和保障电力运行与供用电安全职守密切关联的瑕疵，其行为本身并不具有导致中毒窒息事故的危险，不具有侵害多数人生命安全的危险，因而不具备玩忽职守罪的实行行为。

（二）客户经理的行为与中毒窒息事故之间不具备刑法上的因果关系

某种行为产生某种结果在日常生活中是一般的、正常的，而不是特殊的、异常的，才能认定行为与结果之间具有因果关系。

按照一般社会经验，在通常情况下，供电行为是提供电能的活动，本身并不会产生中毒窒息事故的结果。亦即本案中的中毒窒息事故这一结果，对于供电行为而言，在日常生活中并不是一般的正常的，而是特殊异常的。只是在恰好介入非法冶炼小作坊违规排放冶炼废气、矿业公司违规组织生产这两个行为，加上煤矿采空区相联通这一客观事实的情况下才发生了中毒窒息事故这一结果。这一中毒窒息事故对于客户经理的行为而言，根据社会生活经验下一般人的判断标准，不属于正常的结果，而属于因为其他介入行为引发的特殊异常的结果。本案中的中毒窒息事故，不属于电力运行安全事故或供用电安全事故，也不是因电力运行安全事故或供用电事故所引起的事故。中毒窒息事故的避免，超出了设置客户经理电力安全保障职守和电力法律法规规范的保护目的。因而，客户经理的行为与中毒窒息事故之间不具备刑法上的因果关系，不能将中毒窒息事故归属于客户经理的行为。

同时从事故调查报告可知，4月28日用电验收时非法冶炼小作坊的用电设施不足以将冶炼废气压入废弃矿井巷道，这在5月2日冶炼炉点火测试失败、5月3日及4日试产烟气未能从煤矿主井进入到废弃巷道得以证实，至5月6日非法冶炼小作坊另外增加一台鼓风机后才得以将废气压入废弃巷道，以致引发次日的悲剧。因此，事发时的用电设施已不同于用电验收时的状况，危害结果与用电验收时龙某的工作疏忽没有直接的因果关系。

此观点被检察院采纳。

（三）客户经理的行为不具备刑法上的违法性

某种行为构成犯罪应当满足刑法上的条件，具备刑法上的违法性。刑法上的违法性的本质和根据是对法益的侵害及侵害法益的危险。没有造成法益侵害和侵害危险的行为，即使违反了行为规则，也不具有刑法上的违法性，不能成为刑法处罚的对象。本案中，客户经理龙某的履职行为，作为供用电合同的缔约行为和履约行为，本身属于民事合同行为。客户经理的履职行为虽然违反了企业内部的规章制度，但行为本身不包含违规排放废气、违规组织生产进而引发中毒窒息事故的危险，没有造成本案中的法益即多数人生命安全的危害，缺乏刑法上的违法性的本质和根据。

以上意见，较好地厘清了供电企业为保障电网安全和供用电秩序而进行用电检查的法律关系。

综合本节内容，供电企业该如何开展用电检查工作？特别是《用电检查办法》废止后，不仅用电检查的内容、范围界限、程序陷入了不确定的状态，用电检查将承担什么样的责任也成为供电企业开展用电检查工作时最大的担忧，担心一旦用户设备发生事故，供电企业需承担不确定的民事赔偿责任。而本案的用电检查人员更是因为非电力运行事故而直接涉及刑事风险，更应引起重视。

综合多方专家的意见，供电企业开展用电检查制度的正确理解应为：用电检查是针对供电企业运营管理的公共电网与用户内部供用电设施在电气连接上为一个有机整体的特征，在任何一点发生安全问题都将对整个电网安全造成影响而设定的一项专门制度。设置目的主要是通过供用电安全检查，保障整个电网的运行安全，具有一定的强制性。现行体制下，按照《物权法》的相关原则，供电企业和用户对属于各自产权范围内的设施安全承担责任。但是，由于电力运行事故责任的承担主体是供电企业，用户侧的不当行为或设备问题可能导致上级电网系统运行事故，进而危及公共电网安全，故出于维护大电网安全的原因，供电企业有权对用户接网设备开展安全检查。县级以上电力管理部门对本行政区域内供电企业及用户的供用电安全进行监督检查。供电企业开展用电检查主要限制在检查和报告行为之内。对于用户侧的安全隐患应及时报告电力管理部门，由电力管理部门责令用户限期改正。实践中，可能存在用户不配合的问题，导致应该进入用户内部安全检查而实际无法正常实施，故通过立法明确供电企业工作人员进入用户检查接入电网的受电装置时，应当出示有关证件，用户应该配合。

此外还应引起重视的是，供电企业内部规章制度也可能成为员工承担责任的依据。如本案中的客户经理龙某被市检察机关以涉嫌玩忽职守罪立案侦查的原因，是因为事故调查组认为县供电分公司向非法冶炼小作坊供电时存在审核把关不严和现场勘察、验收不规范等瑕疵。为此，建议供电企业在制订内部规范时，充分梳理、释明制定规范的意图和责任界面，尽量避免扩大供电企业责任。

第三章　供电企业经营管理刑事法律风险识别与防范

国有企业是国民经济的重要支柱，是党执政兴国的重要经济基础，是发展中国特色社会主义的重要力量。

规范供电企业的经营管理行为，对预防国有资产流失，保证供电企业国有资产的保值增值具有重要意义。供电企业经营管理可能涉及的刑事责任主要有国有资产投资经营和经济秩序管理方面的国有公司、企业、事业单位人员失职罪，国有公司、企业、事业单位人员滥用职权罪，非法经营同类营业罪，为亲友非法牟利罪，签订、履行合同失职被骗罪等。此外，供电企业经营管理可能涉及的刑事责任还有生产、销售不符合安全标准的产品罪和隐匿、故意销毁会计凭证、会计账簿、财务会计报告罪等。

本章主要分析以上 7 个罪名。7 个罪名的要点各有侧重。为了更全面地表述供电企业的防范要点，每节取一个侧重面，重点表述相应的防范措施。

第一节　规范国企投资行为与国有公司人员
失职罪风险

一、参考案例

案例 1：国有公司撤资决策严重不负责任损失千万，构成国有公司、企业人员失职罪

案号：（2015）晋市法刑初字第 30 号

被告人潘某原系某集团公司董事长，被告人张某原系该集团公司总会计师，被告人崔某原系该集团公司监事会主席。2005 年 12 月 31 日某集团和王某签订合作投资协议，约定共同经营某煤矿，其中王某出资 13178000 元，占 51% 股份，某集团出资 12660665.79 元币占 49% 股份，协议还规定采矿权资源价款在每年利润分配前双方共同缴纳，合作期限从 2004 年 9 月 1 日起至煤矿资源枯竭为止。2009 年 5 月，被告人潘某决定撤回某集团在煤矿的投资，将公司应分配利润时间截止点确定为 2007 年 7 月 31 日。时任公司财务总监郑某某提出，2007 年 8 月至 2008

年底，会计上按成本法核算仍有 49%的股权反映到账上，有 1727 万元要追索调整的利润。对此事关公司重大权益的提醒，被告人潘某未表态，也没有要求参会的董事充分进行协商，仅要求财务部门按照财务规定取一个较好的方案来解决这个问题，并以煤矿的投资在法律上没有体现，对煤矿进行审计就是一堆"废铜烂铁"等为由，主导通过该项议案。会上被告人张某、崔某某未提出任何反对意见。2009 年 5 月 22 日，在还没有征询未到会的其余五位董事的意见，董事会决议还没有生效的情况下，潘某指派被告人张某、崔某代表集团和王某商谈收回投资事宜，并于当天签订了《关于对煤矿投资收回的协议》，5 月 27 日王某将 1993.89 万元支付给该集团公司，将该协议履行完毕。

案发后，经司法鉴定所鉴定：该集团公司应收回的投资及收益为60174662.16 元，少收回 40235794.63 元，根据该集团公司国有资产所占比例 27.71%计算，国有资产流失金额为 11149338.69 元。

法院认为：被告人潘某作为国有控股公司的董事长，在公司对投资企业撤资的过程中，违反国家对国有公司、国有资产管理的相关规定，未经董事会充分协商，未向主管部门及上级主管公司报告和审批，对投资企业未进行评估、审计，滥用职权，致使国家利益遭受 11149338.69元损失，其行为构成国有公司、企业人员滥用职权罪；被告人张某为国有控股公司的分管投资管理监督的董事、被告人崔某身为代表国有股份的监事，在撤资过程中严重不负责任，怠于履行监督职责，致使国家利益遭受 11149338.69 元损失，其行为构成国有公司、企业人员失职罪。判决被告人潘某犯国有公司、企业人员滥用职权罪，判处有期徒刑三年，缓刑四年；被告人张某犯国有公司、企业人员失职罪，判处有期徒刑一年，缓刑二年；被告人崔某犯国有公司、企业人员失职罪，判处有期徒刑一年，缓刑二年。

案例 2：银行开立信用证未尽职调查造成国有公司严重损失，构成国有公司人员失职罪

案号：（2015）将刑初字第 117 号

被告人廖某原系农业银行某支行行长，被告人庄某原系农业银行该支行客户部副经理。在办理某公司信用证授信业务、开立信用证、信用证项下进口押汇过程中，严重不负责任，未按规定尽职调查，致使开立

的信用证项下资金被他人套现使用，尚有共计 12099981.91 美元的资金没有收回，造成国有公司严重损失。法院认为二者行为均构成国有公司人员失职罪。同时法院也认为：银行在办理某公司信用证授信业务、开立信用证、信用证项下进口押汇过程中，被告人廖某、庄某在全部流程中只是负责其中的某一环节，其失职行为对造成国有公司严重损失有着因果关系，但不是唯一关系，应酌情对二被告人从轻处罚。判决被告人廖某犯国有公司人员失职罪，判处有期徒刑一年，缓刑二年；被告人庄某犯国有公司人员失职罪，判处有期徒刑一年，缓刑二年。

案例 3：会计未尽监督职责致出纳挪用公款，构成国有事业单位人员失职罪

案号：（2018）湘 0524 刑初 379 号

被告人伍某原系某单位会计。2017 年 3 月至 2017 年 11 月，该单位职工郭某（另案处理）利用其出纳员职务之便，私自操作自己保管的录入账户、密码，并利用伍某保管的审核账户、密码进行审核，在无发票的情况下以办公费、招待费支出等虚假申请事项向县财政局国库集中支付局申请支付 1243096.38 元归个人使用，超过三个月未还。法院认为：伍某身为单位会计，未认真履行会计监督职责，未妥善保管财务审核账户，导致郭某长期以虚假事项向县财政局国库申请集中支付归个人使用的行为未被及时发现，致使国家利益遭受重大损失。判决被告人伍某犯国有事业单位人员失职罪，判处拘役六个月，缓刑一年。

二、国有公司、企业、事业单位人员失职罪概述

（一）法律规定

《刑法》

第一百六十八条 【国有公司、企业、事业单位人员失职罪】【国有公司、企业、事业单位人员滥用职权罪】国有公司、企业的工作人员，由于严重不负责任或者滥用职权，造成国有公司、企业破产或者严重损失，致使国家利益遭受重大损失的，处三年以下有期徒刑或者拘役；致使国家利益遭受特别重大损失的，处三年以上七年以下有期徒刑。

国有事业单位的工作人员有前款行为，致使国家利益遭受重大损失

的，依照前款的规定处罚。

国有公司、企业、事业单位的工作人员，徇私舞弊，犯前两款罪的，依照第一款的规定从重处罚。

第三百九十七条　【滥用职权罪】【玩忽职守罪】国家机关工作人员滥用职权或者玩忽职守，致使公共财产、国家和人民利益遭受重大损失的，处三年以下有期徒刑或者拘役；情节特别严重的，处三年以上七年以下有期徒刑。本法另有规定的，依照规定。

国家机关工作人员徇私舞弊，犯前款罪的，处五年以下有期徒刑或者拘役；情节特别严重的，处五年以上十年以下有期徒刑。本法另有规定的，依照规定。

最高人民法院、最高人民检察院《关于办理危害生产安全刑事案件适用法律若干问题的解释》法释〔2015〕22号

第十五条　国家机关工作人员在履行安全监督管理职责时滥用职权、玩忽职守，致使公共财产、国家和人民利益遭受重大损失的，或者徇私舞弊，对发现的刑事案件依法应当移交司法机关追究刑事责任而不移交，情节严重的，分别依照《刑法》第三百九十七条、第四百零二条的规定，以滥用职权罪、玩忽职守罪或者徇私舞弊不移交刑事案件罪定罪处罚。

公司、企业、事业单位的工作人员在依法或者受委托行使安全监督管理职责时滥用职权或者玩忽职守，构成犯罪的，应当依照《全国人民代表大会常务委员会关于〈中华人民共和国刑法〉第九章渎职罪主体适用问题的解释》的规定，适用渎职罪的规定追究刑事责任。

对比以上法条，供电企业人员在经济活动中玩忽职守，造成国有公司、企业破产或者严重损失，致使国家利益遭受重大损失的，涉嫌国有公司、企业、事业单位人员失职罪而不是玩忽职守罪，但如果供电企业人员在安全生产工作中玩忽职守，则参照国家机关工作人员，适用渎职罪中的玩忽职守罪，面临较严格的处罚。

（二）立案标准

根据最高人民检察院、公安部《关于公安机关管辖的刑事案件立案追诉标准的规定（二）》第十五条，[国有公司、企业、事业单位人员失职案（刑法第一百六十八条）]国有公司、企业、事业单位的工作人员，严重不负责任，涉嫌下列情形之一的，应予立案追诉：

（一）造成国家直接经济损失数额在五十万元以上的；

（二）造成有关单位破产，停业、停产一年以上，或者被吊销许可证和营业执照、责令关闭、撤销、解散的；

（三）其他致使国家利益遭受重大损失的情形。

（三）犯罪构成

1. 主体

国有公司、企业、事业单位人员失职罪的主体为特殊主体，即国有公司、企业、事业单位的工作人员。其他主体不构成本罪。

2. 主观方面

国有公司、企业、事业单位人员失职罪的主观方面是过失。行为人的行为虽是直接故意的，但其对致使国家利益遭受重大损失的结果却不是直接故意的，其并不希望国有公司、企业破产或严重亏损，对此损害结果的发生多出于过失。

3. 客体

国有公司、企业、事业单位人员失职罪侵犯的客体是国有公司、企业财产权益和社会主义市场经济秩序。

4. 客观方面

国有公司、企业、事业单位人员失职罪在客观上表现为国有公司、企业的工作人员由于工作中严重不负责任，造成国有公司、企业破产或严重亏损，致使国家利益遭受重大损失，以及国有事业单位的工作人员由于严重不负责任致使国家利益遭受重大损失的行为。如：国有公司、企业直接的主管人员不作可行性分析和论证，不听取各方面意见，独断专行，致使企业经营决策发生重大失误；国有公司、企业主管人员对职责范围内的管理混乱、规章制度不健全、侵吞、侵占、私分、挪用公司、企业财产的违法犯罪现象不闻不问；在经济交往活动中由于种种原因上当受骗后，不主动、不及时向司法机关报案等。

5. 因果关系

国有公司、企业、事业单位人员失职罪属结果犯，严重不负责任行为，只有造成国有公司、企业破产或者严重损失，致使国家利益遭受重大损失时，才构成犯罪。

三、防范要点

习近平总书记指出，既要管住乱用滥用权力的渎职行为，又要管住不用弃用权力的失职行为，整治不担当、不作为、慢作为、假作为。不作为的行为同样可能构成犯罪。上述供电企业以外单位的案例，也有值得供电企业工作人员引以为戒之处。本节侧重讨论国有公司如何规范国有企业的经营投资行为。

（一）正确认识和理解国家关于国有资产运营和监管的方针政策

根据中共中央 国务院《关于深化国有企业改革的指导意见》、国务院《关于改革和完善国有资产管理体制的若干意见》有关要求和党中央、国务院工作部署，国有资本投资、运营公司改革试点工作正加快推进。当前在国有资产运营和监管方面主要有两大特点：

1. 授权放权将更加充分

2018 年 7 月 14 日，国务院下发了《关于推进国有资本投资、运营公司改革试点的实施意见》（国发〔2018〕23 号），决定有序推进对国有资本投资、运营公司的放权。明确包括国有产权流转等决策事项的审批权、经营班子业绩考核和薪酬管理权等授予国有资本投资、运营公司，相关管理要求和运行规则通过公司组建方案和公司章程予以明确。要求按照国有资产监管机构授予出资人职责和政府直接授予出资人职责两种模式开展国有资本投资、运营公司试点。通过改组组建国有资本投资、运营公司，构建国有资本投资、运营主体，改革国有资本授权经营体制，完善国有资产管理体制，实现国有资本所有权与企业经营权分离，实行国有资本市场化运作。2019 年 4 月 19 日，国务院印发了《改革国有资本授权经营体制方案》的通知（国发〔2019〕9 号），明确国有企业享有完整的法人财产权和充分的经营自主权，承担国有资产保值增值责任。按照功能定位、治理能力、管理水平等企业发展实际情况，一企一策地对国有企业分类授权，做到权责对等、动态调整。2019 年 6 月 3 日，国务院国资委印发了《授权放权清单（2019 年版）》，结合企业的功能定位、治理能力、管理水平等企业改革发展实际，分别针对各中央企业、综合改革试点企业、国有资本投资、运营公司试点企业以及特定企业相应明确了授权放权事项。同时，要求集团公司要对所属企业同步开展授权放权，做到层层"松绑"，全面激发各层级企业活力。

系列文件政策的密集出台，体现了国家对国有资产运营方面实施授权与监管相结合、放活与管好相统一，切实保障国有资本规范有序运行的决策部署。

2. 监管将更加严格

国务院国资委继 2017 年 1 月下发《中央企业投资监督管理办法》(国资委令第 34 号)，明确建立以管资本为主的国有资本监管体系之后，2018 年 7 月 13 日又下发了《中央企业违规经营投资责任追究实施办法》(国资委令第 37 号)，要求对中央企业投资项目进行分类监管，监督检查中央企业投资管理制度的执行情况、重大投资项目的决策和实施情况，组织开展对重大投资项目后评价，对违规投资造成国有资产损失以及其他严重不良后果的进行责任追究。根据该办法，中央企业经营管理有关人员违反规定，未履行或未正确履行职责，在经营投资中造成国有资产损失或其他严重不良后果，经调查核实和责任认定，将对相关责任人进行处理，严肃追究国有企业人员未履行或未正确履行职责造成国有资产损失或其他严重不良后果的情形。

以上两个"办法"贯彻以管资本为主加强国有资产监管的要求，重点从"管投向、管程序、管风险、管回报"四个方面，促进中央企业加强投资管理，通过健全制度、创新手段，规范投资行为，强化风险管控，整合监督资源，严格责任追究，实现对国有资本的全面有效监管，切实维护国有资产安全，坚决防止国有资产流失。

（二）规范各级供电企业的投资、经营决策行为

1. 加强学习，清晰国有资产经营面临的监管内容

根据《中央企业违规经营投资责任追究实施办法（试行）》，责任追究共 10 个方面 71 项内容，其中集团管控方面的责任追究情形包括违反规定程序或超越权限决定、批准和组织实施重大经营投资事项，或决定、批准和组织实施的重大经营投资事项违反党和国家方针政策、决策部署以及国家有关规定等五项；风险管理方面的责任追究情形有未按规定履行内控及风险管理制度建设职责，导致内控及风险管理制度缺失，内控流程存在重大缺陷等六项；购销管理方面的责任追究情形有未按规定订

立、履行合同，未履行或未正确履行职责致使合同标的价格明显不公允等八项；工程承包建设方面的责任追究情形有未按规定对合同标的进行调查论证或风险分析等八项；资金管理方面的责任追究情形有违反决策和审批程序或超越权限筹集和使用资金等七项；转让产权、上市公司股权、资产等方面的责任追究情形有未按规定履行决策和审批程序或超越授权范围转让六项；固定资产投资方面的责任追究情形有未按规定进行可行性研究或风险分析、违反规定开展列入负面清单的投资项目等八项；投资并购方面的责任追究情形有未按规定开展尽职调查，或尽职调查未进行风险分析等，存在重大疏漏等十项；改组改制方面的责任追究情形有未按规定履行决策和审批程序等七项；境外经营投资方面的责任追究情形有未按规定建立企业境外投资管理相关制度，导致境外投资管控缺失、违反规定从事非主业投资或开展列入负面清单特别监管类的境外投资项目等六项。

2. 做好尽职调查，强化项目风险评估和决策分析

面对新时代、新形势赋予的新任务，供电企业、集体企业在投资项目决策前，应当进行充分的可行性研究，编制可行性研究报告，并结合投资项目的性质、规模和风险程度，开展尽职调查、专家论证、法律咨询论证等前期工作。项目投资的过程中，也要按照相关要求加强投资项目的全过程监管，勤勉、正确履责，确保国有资产保值增值。

3. 规范决策程序，落实好三重一大等决策制度

为求活力，国家对国有企业的经营管理将进一步放权，国有资本经营管理者将拥有更大的权力。与此相对应，国有企业经营权的运用也将面临更严格的监管。国家将加强重大投资项目专项审计，包括重大投资项目决策、投资方向、资金使用、投资收益、投资风险管理等重大投资项目的决策、执行和效果等各方面。集体企业的经营投资行为，在保证投资收益的同时，也要特别关注经营过程的合法合规，参照主业的经营管理模式，切实落实好"三重一大"决策制度，严格落实重大决策、重要人事任免、重大项目安排、大额度资金运作的决策程序等事项，不断完善本单位"三重一大"决策机制，保证企业管理者依法行使决策权，不断推进供电企业、关联集体企业重大投资、经营决策的规范化、科学化、民主化。

4. 加强内部监管，落实好项目全过程管理

国家将通过建立健全投资管理制度、优化投资管理信息系统、实施投资项目负面清单、强化投资监管联动等，实现对企业投资活动全方位监管；强调事前加强规范、事中注重监控、事后强化问责，实现对投资项目的全过程监管。从监管内容看，供电企业的资金管理、工程承包建设、购销管理、固定资产投资、境外投资经营等都将面临责任追究。供电企业要结合实际，制订政策措施明确出资人相应的投资行为红线，明确本企业的投资项目负面清单，努力构建权责对等、运行规范、信息对称、风险控制有力的投资监督管理体系，加强投资项目全过程管理，规范投资行为，强化风险管控，提高国有资本效率，防止国有资产流失，实现国有资本保值增值。

第二节　经营决策人员的国有公司人员滥用职权罪风险

一、案例学习

案例 1：天然气公司投资深海养殖项目等造成巨额亏损，其总经理构成国有公司人员滥用职权罪

案号：（2015）珠中法刑二初字第 12 号

被告人陶某原系某天然气利用有限公司执行董事兼总经理、党委书记（副局级）。

2004 年 1 月至 2011 年 4 月，被告人陶某担任某石油公司总经理，并从 2008 年 3 月起兼任该公司执行董事。2005 年底，其参与了该公司关于增资某深海养殖科技有限公司，开发深海养殖项目的董事会决策，并从 2006 年至 2010 年参与制定、执行了对该养殖项目借款、进行资产重组以及赔偿合作某集团股份有限公司损失等重大经营决策，上述事项均未按规定报请其上级公司批准，并违反该集团公司关于投资、借款的审批权限规定。该项目由于经营管理不善大幅亏损，2010 年产权拍卖仅收回 1.04 亿元，共造成国有资产损失约 1.99 亿元。

法院认为，被告人陶某作为国有公司工作人员，滥用职权造成国有资产损失共计人民币 2.328 亿元，致使国家利益遭受特别重大损失，其行为已构成国有公司人员滥用职权罪。判处有期徒刑六年，与其他罪行数罪并罚。

案例 2：设备制造方严重低估材料价格造成巨额亏损，相关人员构成国有公司人员滥用职权罪

案号：（2019）黑 0206 刑初 44 号

被告人陈某原系某重工公司市场营销部副部长，被告人王某原系该重工公司副总裁。该重工公司系国有公司。2012 年 10 月，某公司总经理武某多次到该重工公司对 60 万吨型钢、棒材生产线设备制造的项目考察，时任该重工公司总裁郝某（另案处理）与其洽谈，后武某公司向重工公司提供了该项目的设计图纸，并报价为 1 万元每吨。郝某安排被告人陈某进行预算。陈某经过预算后报价为 1.1683 万元每吨，且不包括机电配套件成本并如实向郝某汇报，也告知其主管副总裁被告人王某、副总裁商某。王某、商某也向郝某提出 1 万元每吨的合同价格会给公司造成亏损，郝某在此情况下没有听二人劝阻，指示王某、陈某代表公司与武某公司签订合同。王某、陈某在明知自己没有代表公司对外签订合同资质，且违反公司集团关于合同报价、评审的相关规定情况下，2013 年 1 月 26 日，王某代表重工公司签订合同总金额为人民币 1371 万元的合同。2013 年 3 月 28 日，陈某代表重工公司签订合同总金额为 1748 万元的合同。签订合同后，由于合同 1 万元每吨的原材料的价格低于成本价，给重工公司造成经济损失金额为 1094.84 万元。法院判决被告人陈某犯国有公司人员滥用职权罪，判处有期徒刑三年，缓刑三年；被告人王某犯国有公司人员滥用职权罪，判处有期徒刑六个月，缓刑一年。

案例 3：国有房产公司董事长低价卖房给妻子及副总经理，构成国有公司人员滥用职权罪

案号：（2014）秦刑二初字第 384 号

被告人吴某曾任某国有房地产公司法定代表人、总经理、董事长。

2004 年 8 月，该房地产公司委托某置业公司销售该公司开发的办公中心，房地产公司经研究决定该项目 126 室、127 室、128 室的销售底价

均为 3.87 万元每平方米。置业公司开始销售商铺后，被告人吴某利用担任房地产公司法定代表人、总经理职务便利，将上述三套房屋暂不对外销售，后被告人吴某擅自决定由李某及妻子唐某于 2005 年 11 月以 1.6 万元每平方米的单价分别购买了 128 室、126 室，由该公司副总经理许某于 2006 年 3 月以 1.6 万元每平方米的单价购买了 127 室，三套房屋销售总价为人民币 332.208 万元。经房地产评估造价咨询有限公司估价，上述三套房屋价值为人民币 950.74 万元，造成国有资产损失达 618.532 万元。法院判决被告人吴某犯国有公司人员滥用职权罪，判处有期徒刑六年。

二、国有公司、企业、事业单位人员滥用职权罪概述

（一）法律规定

《刑法》

第一百六十八条　【国有公司、企业、事业单位人员失职罪】【国有公司、企业、事业单位人员滥用职权罪】国有公司、企业的工作人员，由于严重不负责任或者滥用职权，造成国有公司、企业破产或者严重损失，致使国家利益遭受重大损失的，处三年以下有期徒刑或者拘役；致使国家利益遭受特别重大损失的，处三年以上七年以下有期徒刑。

国有事业单位的工作人员有前款行为，致使国家利益遭受重大损失的，依照前款的规定处罚。

国有公司、企业、事业单位的工作人员，徇私舞弊，犯前两款罪的，依照第一款的规定从重处罚。

（二）立案标准

根据最高人民检察院、公安部《关于公安机关管辖的刑事案件立案追诉标准的规定（二）》第十六条　[国有公司、企业、事业单位人员滥用职权案（刑法第一百六十八条）]国有公司、企业、事业单位的工作人员，滥用职权，涉嫌下列情形之一的，应予立案追诉：

（一）造成国家直接经济损失数额在三十万元以上的；

（二）造成有关单位破产，停业、停产六个月以上，或者被吊销许可证和营业执照、责令关闭、撤销、解散的；

（三）其他致使国家利益遭受重大损失的情形。

国有公司、企业、事业单位人员失职罪的立案标准在经济损失方面高于国有公司、企业、事业单位人员滥用职权罪，即国有公司、企业、事业单位人员失职罪的立案标准为"造成国家直接经济损失数额在五十万元以上的"。

此外，同上节国有公司、企业、事业单位人员失职罪表述，公司、企业、事业单位的工作人员在依法或者受委托行使安全监督管理职责时滥用职权，造成经济损失 30 万元以上等情况的，即应追究刑事责任，处三年以下有期徒刑或者拘役。

（三）犯罪构成

1. 主体

国有公司、企业、事业单位人员滥用职权罪的主体为特殊主体，即国有公司、企业、事业单位的工作人员，其他主体不构成本罪。

2. 主观方面

国有公司、企业、事业单位人员滥用职权罪的主观方面是过失。同上一节国有公司、企业、事业单位人员失职罪，行为人对致使国家利益遭受重大损失的结果不是直接故意的，对此损害结果的发生多出于过失。

3. 客体

国有公司、企业、事业单位人员滥用职权罪的客体是国有公司、企业财产权益和社会主义市场经济秩序。

4. 客观方面

国有公司、企业、事业单位人员滥用职权罪在客观上表现为国有公司、企业的工作人员滥用职权，造成国有公司、企业破产或严重亏损，致使国家利益遭受重大损失。如国有公司、企业直接的主管人员不作可行性分析和论证，不听取各方面意见，独断专行，致使企业经营决策发生重大失误；超越职权，擅自决定或处理没有具体决定、处理权限的事项；随心所欲地对事项做出决定或者处理；故意不履行应当履行的职责，或者说任意放弃职责等。

5. 因果关系

国有公司、企业、事业单位人员滥用职权罪属结果犯，国有公司、企业的工作人员滥用职权的行为，只有造成国有公司、企业破产或者严重亏损，致使国家利益遭受重大损失时，才构成犯罪。

三、防范要点

本节的防范重点，与上一节国有公司、企业、事业单位人员失职罪的预防有较多相似之处。国有公司、企业在社会经济生活中占据着举足轻重的作用。国有公司、企业的工作人员背离市场活动的基本原则，滥用职权可能会使国有公司、企业的正常活动遭到破坏，使国有资产受到损害从而破坏社会主义市场经济秩序。本节侧重于讨论如何从管理上预防滥用职权行为的发生，从而根本上解决滥用职权行为。

（一）加强学习教育，确保规范履职

一是树立规范履职意识。国企工作人员往往有"只要不往私人口袋拿就没有风险"的想法。殊不知，作为国企工作人员，不仅要保证不把公家的财物往私人口袋装，同时还肩负着国有资产这个"公家口袋"保值增值的责任。不仅要预防伸手，还应预防懒政、不作为。沦为"摆设"和"木偶"是不允许的。因此，供电企业工作人员应提高思想认识，树立规范履职意识。剖析以上案例，被告人之所以滥用职权，最重要原因就是在工作中掉以轻心，没有规范履职意识甚至独断专行。如果每一个国企工作人员都树立规范履职意识、忠实勤勉意识，自然能有效避免滥用职权。

二是加强业务学习，提高决策管理水平。国有公司、企业工作人员不懂业务，听不进专家意见，不懂科学，不尊重市场经济规律，盲目决策，急于求成是致使企业经营决策发生重大失误的原因。供电企业滥用职权犯罪主体可能在业务方面有专长，但对法律法规的理解和执行却不到位，不能领会法律法规的真正用意。供电企业工作人员要不断学习各种规程规范和专业知识，通过学习清楚肩负的职责，不断提高规范履职的能力，努力保证正确作出管理决策，避免给国有资产造成损失。

（二）清晰权责内容，明确奖惩制度

如果说国有公司、企业、事业单位人员失职罪侧重于严重不负责任的"不作为"，那么国有公司、企业、事业单位人员滥用职权罪更在于追究滥用职权的"乱作为"。如某供电企业总经理为关联企业输送利益，最终个人承担刑事责任，对供电企业类似岗位人员，有一定的警示和教育意义。供电企业的领导或业务主管人员要为职工谋福利、为企业争业绩，也要按程序决策、按规范决策，不可乱作为。

从已有的案例看，国有公司、企业、事业单位人员滥用职权的行为通常伴随着贪贿类犯罪，损害了国家工作人员的廉洁性，两者之间往往相互联系。权力和责任是紧紧相连的，有多大的权力就要承担多大的责任。权力的边界确定后，就要权责相符，违背规矩必须担责。对于"出了界""越了位"的权力，要依照党纪国法给予相应的处理。

权利行使内容的清晰是防止滥用权利的根本，当对某事件行使权利超过范围时，应当受到阻力。滥用职权的原因不仅是因为当事人主观意识上对自我要求不严，也涉及国家法律法规或企业规章制度不周延的问题。特别是各级人员的权限规定，要结合各单位的业务实际，充分调研，切忌笼统，因地制宜，切忌一刀切，导致权力清单形同虚设，不具有可操作性。对于滥用职权的行为，要根据事件的不同，予以明确的惩罚。

（三）完善监督机制，杜绝风险漏洞

遵章守纪才能杜绝风险漏洞。供电企业各项风险防范、控制制度比较健全。如果全部按照规章制度执行，一般不会发生滥用职权行为。但是供电企业从上到下也面临各类考核，各层级业务指标的压力较大，不得已采取"走捷径、事后补"的情况也时有发生。比如集体企业有时会因为经营指标的压力需要与私营企业合作，此时切不可因为工作压力大而放松对规范履责的要求。

对滥用职权方面设置直接的监管部门，可以防止滥用职权的发生。供电企业的监察监督要渗透到企业管理的各个环节和层面，深入开展企业效能监察和廉政监察，推进权力依法行使和公开透明运行。审计部门要充分发挥自身熟悉财政财务工作、精通查账业务的专业优势，通过任期审计、年度审计等形式，进一步加强对国有企业人员履职行为的审计监督。监察和审计机关要加强协作配合，建立健全线索移送、案件协查、结果运用等资源共享机制，增强监察和审计的合力和效果。

第三节　经营管理岗位的为亲友非法牟利罪风险

一、参考案例

案例 1：国有房地产公司经理使妻子中标进户门业务，高于市场价

构成为亲友非法牟利罪

案号：（2014）秦刑二初字第 384 号

被告人吴某曾任某国有房地产公司法定代表人、总经理、董事长。2006 年至 2008 年期间，被告人吴某利用担任房地产公司法定代表人、总经理、董事长的职务便利，使其妻子唐某甲实际控制经营的某公司承接了其任职的房地产公司开发的某项目的进户门供应业务。吴某妻子的公司从某门窗发展有限公司等采购进户门后加价供应给房地产公司，房地产公司共支付给某公司进户门款项合计达人民币 398.27614 万元。

经市物价局价格认证中心价格鉴定，上述进户门的市场价格合计为人民币 300.402 万元。除吴某妻子的公司支付的部分锁具、铰链及安装维护等费用，实际造成国家利益损失达人民币 60 万余元。法院认为，被告人吴某系国有公司工作人员，利用职务便利，以明显高于市场的价格向自己的亲友经营管理的单位采购商品，使国家利益遭受重大损失，应当以为亲友非法牟利罪追究刑事责任。判决被告人吴某犯为亲友非法牟利罪，判处有期徒刑二年，罚金人民币十万元。

案例 2：石油公司经理安排胞弟从事石油贸易赚取巨额交易利润，构成为亲友非法牟利罪

案号：（2015）珠中法刑二初字第 12 号

被告人陶某原系某天然气利用有限公司执行董事兼总经理、党委书记（副局级）。

2002 年至 2011 年期间，被告人陶某先后利用其担任国有石油实业公司等企业总经理、法人代表等职务便利，一方面利用国有企业公司的名义从胜利油田获得巨额采油原料器材的供货合同和事先预支货款的特殊关照；另一方面利用职务之便安排其胞弟陶某 1 控制的五家壳公司参与国有企业与货源供应厂商之间的交易环节，使得其胞弟陶某 1 控制的五家壳公司赚取巨额交易利润，造成国有企业经营利润的重大损失。经司法会计鉴定，被告人陶某安排其胞弟陶某 1 控制的五家壳公司通过介入中间贸易环节共计获利 29 487 600.98 元。法院判决被告人陶某犯为亲友非法牟利罪，判处有期徒刑六年，并处罚金人民币三百万元，与其他罪行数罪并罚。

案例 3：烟草公司经理安排下属公司向特定关系人购买茶叶，高于

市场价构成为亲友非法牟利罪

案号：（2019）云刑终 378 号

被告人余某原系某省烟草专卖局（公司）党组书记、局长、总经理。2013 年至 2014 年期间，被告人余某利用职务的便利，以"华叶"卷烟配套宣传用礼品的名义，安排下属的某进出口有限公司总经理徐某分两次向特定关系人殷某控制的茶叶公司购买茶叶 313.491875 万元；通过某投资公司总经理张某要求某酒店向某茶叶有限公司购买茶叶 162.9 万元。某茶叶有限公司累计收到采购茶叶货款人民币 476.391875 万元，发货普洱茶 1525 片。根据省发展和改革委员会价格认证中心《价格认定结论书》确认，该茶叶有限公司销售该批茶叶的价格高于市场零售单价，其超出市场价格部分的获利累计人民币 244.391875 万元。判决：被告人余某犯为亲友非法牟利罪，判处有期徒刑三年，并处罚金人民币 30 万元，与其他罪行数罪并罚。二审驳回上诉，维持原判。

二、为亲友非法牟利罪概述

（一）法律规定

《刑法》

第一百六十六条 【为亲友非法牟利罪】国有公司、企业、事业单位的工作人员，利用职务便利，有下列情形之一，使国家利益遭受重大损失的，处三年以下有期徒刑或者拘役，并处或者单处罚金；致使国家利益遭受特别重大损失的，处三年以上七年以下有期徒刑，并处罚金：

（一）将本单位的盈利业务交由自己的亲友进行经营的；

（二）以明显高于市场的价格向自己的亲友经营管理的单位采购商品或者以明显低于市场的价格向自己的亲友经营管理的单位销售商品的；

（三）向自己的亲友经营管理的单位采购不合格商品的。

（二）立案标准

根据 2010 年 5 月 7 日最高人民检察院、公安部《关于公安机关管辖的刑事案件立案追诉标准的规定（二）》第十三条的规定，国有公司、企业、事业单位的工作人员，利用职务便利，为亲友非法牟利，涉嫌下列情形之一的，应予立案追诉：

（一）造成国家直接经济损失数额在十万元以上的；

（二）使其亲友非法获利数额在二十万元以上的；

（三）造成有关单位破产，停业、停产六个月以上，或者被吊销许可证和营业执照、责令关闭、撤销、解散的；

（四）其他致使国家利益遭受重大损失的情形。

（三）犯罪构成

1. 主体

为亲友非法牟利罪的犯罪主体是国有公司、企业、事业单位的工作人员。

2. 主观方面

为亲友非法牟利罪在主观上只能由故意构成，并具有非法牟利的目的。即行为人明知自己利用职务便利为亲友进行经营活动提供便利条件是一种背信经营的行为，但为获取非法利益仍故意实施这种行为，过失不构成犯罪。

3. 客体

为亲友非法牟利罪侵犯的是国有公司、企业、事业单位的财产权益。

4. 客观方面

为亲友非法牟利罪在客观方面表现为利用职务便利，为自己的亲友进行经营活动，非法提供便利，致使国家利益遭受重大损害的行为。所谓亲友，包括亲戚与朋友。

为亲友非法提供便利的方式，包括三种情况：

一是将本单位的盈利业务交由自己的亲友进行经营。把明知是可以盈利本应为本单位经营的业务交由自己的亲友去经营。但如果这项业务不属其所在单位经营的业务，即使是其利用职务便利了解到的，并交由自己的亲友进行经营，亦不能构成本罪。

二是以明显高于市场的价格向自己的亲友经营管理的单位采购商品或者以明显低于市场的价格向自己的亲友经营管理的单位销售商品即从亲友经营管理的单位高进低出，从而损害本公司、企业的利益。

三是向自己的亲友经营管理的单位采购不合格商品。向自己亲友经营管理的单位收购不合格商品，不论其价格如何，是否属于高价收购，只要其行为严重损害了国家利益，致使国家利益遭受了重大损失，都可构成本罪。

（四）相关界限

1. 本罪与非罪的界限

正确区分本罪与非罪的界限有三点：行为人应利用职务便利；行为人通过实施背信经营行为而使国家利益遭受的损失是否达到重大；犯罪主体为特殊主体，即国有公司、企业、事业单位工作人员。

2. 为亲友非法牟利罪与非法经营同类营业罪的界限

为亲友非法牟利罪与非法经营同类营业罪在客观方面都利用了职务便利，主观方面都出于故意，但这两个罪是两种不同性质的犯罪，它们的区别表现在：

（1）犯罪主体不同。为亲友非法牟利罪的主体是国有公司、企业、事业单位的工作人员，而非法经营同类营业罪的主体是国有公司、企业的董事和经理。

（2）客观方面不同。非法经营同类营业罪在客观方面则表现为行为人利用职务便利，为自己经营或者为他人经营与其所任职公司、企业同类的营业，获取非法利益，数额巨大的行为。即为亲友非法牟利罪的经营主体是亲友，非法经营同类营业罪的关键是自己或他人的经营内容与所任职公司、企业的经营内容同类。

3. 为亲友非法牟利罪与贪污罪的界限

为亲友非法牟利罪的国有单位人员利用职务便利让亲友实施一定的经营行为赚取非法利润，贪污罪则以国有单位人员利用职务便利直接让亲友非法占有公共财物。为亲友非法牟利罪的罪质主要表现为侵犯市场经济的正当竞争秩序和国家利益，贪污罪主要表现为侵犯公共财物的所有权。

三、防范要点

为亲友非法牟利罪的犯罪主体是国有公司、企业、事业单位的工作人员，即不仅是一个单位的领导，其他无职务但有一定的人、财、物管理、支配权利的关键岗位人员，也可以成立本罪。本节侧重讨论对关键岗位人员的管理。

（一）加强关键岗位人员的选聘任用

供电企业作为国有企业，应特别重视财务资金管理人员、物资采购人员、工程建设管理、外包外协队伍管理、人事管理人员等本单位与资金、人事等相关或者与本单位之外有钱、物等业务往来的有关人员的选聘任用。人力资源部门应按照规定的权限和程序，在资格审查和任职条件审核等必要环节把好关，坚持公开择优、逐级聘用制度。对有因犯有经济、刑事、道德品质等方面的错误受过处分或曾有收受贿赂或吃、拿、卡、要等不良行为的人员，不得选聘到关键岗位任职或在关键岗位留任。

（二）加强关键岗位人员的轮岗交流

关键岗位人员在同一岗位任职满五年，一般应进行岗位轮换或交流，也可以根据工作需要适当延长或缩短轮岗时间。岗位交流轮换，由人力资源部门组织所在部门制订具体方案。

（三）考察关键岗位人员8小时工作时间以外的社会表现

要对关键岗位人员8小时工作时间以外的社会表现和生活经历进行综合评定，出具考察意见，并按照规定的权限和程序，提交有关领导决策或相关会议作出聘用决定。

（四）应重视小事的严肃处理，避免大患

工作中因个人失职、渎职、明知故犯、不按规定和政策办事、责任心不强等原因，给公司造成较大经济损失或恶劣影响的，应按有关规定给予纪律处分。

第四节　董事、经理的非法经营同类营业罪风险

一、参考案例

案例：供电公司分管副经理伙同经理私接电力安装工程，构成非法经营同类营业罪

案号：（2014）余刑二终字第12号

被告人邱某原系某区供电公司副经理，分管用电、营销、下属三产安装公司等工作。2008年10月25日，供电公司以亿某公司的名义，与某办事处就某安装工程达成一致意见，并签订协议书。2日后，区供电公司因担心工程款的结算问题，决定将安装工程转包给其他单位施工，区供电公司不收取利润，适当收取验收费，由承建单位自己负责与政府

结算工程款。邱某将该决定告知刘一某（供电公司下属三产公司经理，另案处理），提出私下一起承接该安装工程，刘一某表示同意，并邀集罗二某（时任区供电公司经理，另案处理）参股，三人共同承接。其后，由被告人组织施工，刘一某负责日常管理。至 2009 年 1 月 20 日，工程款 650 万元已全部结清，被告人邱某、刘一某、罗二某共获取纯利 240 万元，其中被告人邱某、刘一某各得 90 万元，罗二某得 60 万元。邱某与刘一某等人共同承接工程后，于 2008 年 11 月以供电公司下属三产公司名义向办事处副主任罗一某（分管该安装工程，另案处理）出具委托函，要求办事处与关联公司结算工程款。

一审法院判认为，被告人邱某身为国家工作人员，利用其担任供电公司副经理的职务之便，伙同公司经理罗二某等人，利用职务便利，经营公司同类营业，获取非法利益价值人民币 240 万元（个人实得 90 万元），数额特别巨大，其行为已构成非法经营同类营业罪。判决被告人邱某犯非法经营同类营业罪，判处有期徒刑四年，并处罚金人民币 20 万元；与其他罪行数罪并罚。二审认定邱某退清全部赃款，可酌情从轻处罚，犯非法经营同类营业罪改判有期徒刑三年，并处罚金人民币 20 万元。

二、非法经营同类营业罪概述

（一）法律规定
《刑法》

第一百六十五条　【非法经营同类营业罪】国有公司、企业的董事、经理利用职务便利，自己经营或者为他人经营与其所任职公司、企业同类的营业，获取非法利益，数额巨大的，处三年以下有期徒刑或者拘役，并处或者单处罚金；数额特别巨大的，处三年以上七年以下有期徒刑，并处罚金。

（二）立案标准

据最高人民检察院、公安部《关于公安机关管辖的刑事案件立案追诉标准的规定（二）》第十二条，非法经营同类营业案（刑法第一百六十五条）国有公司、企业的董事、经理利用职务便利，自己经营或者为他人经营与其所任职公司、企业同类的营业，获取非法利益，数额在十万元以上的，应予立案追诉。

（三）犯罪构成

1. 主体

非法经营同类营业罪的主体是国有公司、企业的董事、经理。

2. 主观方面

非法经营同类营业罪在主观方面必须出于故意，并且具有获取非法利益的目的。即明知自己或为他人所经营的业务与自己所任职公司、企业经营的业务属于同类，出于非法谋取利益，仍决意进行经营。过失不能构成本罪。

3. 客体

非法经营同类营业罪的客体要件为国有公司、企业的财产权益以及国家对公司的管理制度。

4. 客观方面

非法经营同类营业罪的客观方面表现为国有公司企业的董事、经理利用职务的便利，自己经营或者为他人经营与其所任职公司、企业同类的营业，获取非法利益的行为。

利用职务之便，是指利用职权以及与职务相关的便利条件。具体而言，是指国有公司、企业董事、经理利用手中职权所具有的便利条件，为自己经营或者为他人经营的公司、企业抢占市场或垄断供货渠道。

"为自己经营"，是指为自己独资或者担任股东的公司、企业或者其他经济组织进行的经营。为他人经营包括为其他公司、企业进行经营，是指暗中担任他人独资、出资的公司、企业的管理人员，为其业务进行策划、指挥等。司法实践中，只要具备"为自己经营"或者"为他人经营"之一即可。

"同类营业"是指经营的业务属于同一类别或者相似类别。如果营业与自己所任职公司、企业的营业不属同一类营业，不能构成本罪。

5. 因果关系

非法经营同类营业罪是结果犯。行为人实施非法经营同类营业所获得的非法利益达到数额巨大的程度，才可构成本罪。否则，虽有经营行为，但没有获取非法的利益，或者虽然获取了非法利益，但没有达到数额巨大的最低标准，亦不能构成本罪。立案标准如上。

三、防范要点

非法经营同类营业罪与为亲友非法牟利罪的主体不同，仅限于国有公司、企业的董事、经理。国有公司、企业的董事、经理具有很大的管理权限，我国《公司法》因之规定了董事、经理的义务。本节主要讨论如何规范国有公司、企业的董事、经理的行为。

（一）董事、经理应当忠实履行职务

董事、经理应当遵守公司章程，忠实履行职务，维护公司利益，不得利用在公司的地位和职权为自己谋取私利。国有公司、企业的董事、经理掌握了国有公司、企业的物资、材料、招投标工作、人事安排等方面的决策权，因其职务关系能够较早知悉的公司、企业的生产、销售计划、企业投资方向等重大信息，不应利用职权而为自己经营或为他人经营的公司、企业谋取非法利益，否则将侵犯公司、企业以及广大股东和出资人的利益。董事、经理违反相应的义务即侵犯了公司、企业的财产权益以及公司、企业的股东和出资人的财产权益，同时构成对国有公司管理制度的侵害，应承担相应的法律责任。

（二）应严格执行国有公司董事、经理的聘任或解聘制度

根据《公司法》规定，供电企业作为国有独资公司，设经理并由董事会聘任或者解聘。经国有资产监督管理机构同意，董事会成员可以兼任经理。股东人数较少或者规模较小的有限责任公司，可以设一名执行董事，不设董事会。国家电网有限公司所属的省、县公司即采用执行董事任党委书记，另设总经理的方式。国有独资公司的董事长、副董事长、董事、高级管理人员，未经国有资产监督管理机构同意，不得在其他有限责任公司、股份有限公司或者其他经济组织兼职。《公司法》还规定，国有独资公司的董事会成员中应当有公司职工代表。供电企业要坚持党管干部原则，以经营知识、工作经验和创新能力等为标准选聘董事、经理，并严格执行职工代表选举和履责制度。

（三）完善公司章程和内控制度，规范权力行使

供电企业党组织要从个人、岗位、单位等方面认真查找国有企业董事、经理岗位职权可能带来的权力寻租、权钱交易、以权谋私等机会，以及可能诱发腐败行为等不正之风的风险点，重点排查容易引发腐败的

制度性缺陷和漏洞，推行国有企业全面预算管理，不断完善"三重一大"决策事前通告、决策情况记录等生产经营管理活动的流程和监管制度，加强经营管理全流程监管。要深化国有企业改革，深入推进企业人、财、物、产、供、销管理体制创新，堵塞体制机制漏洞。要按个人、岗位、单位分别制定董事、经理岗位职权，针对廉政风险制订有针对性的防范措施，不断加强对国有企业生产经营管理关键环节、重点岗位，尤其是对国有企业"一把手"的监督，规范权力行使。

第五节 直接主管人员的签订、履行合同失职被骗罪风险

一、参考案例

案例1：国企领导签订合同严重不负责任被诈骗1500万，构成签订、履行合同失职被骗罪

案号：（2018）鄂02刑终131号

被告人吴某原系某集团公司董事长，被告人袁某原系该集团公司煤炭贸易部部长。2003年，该集团公司出资10万元占股20%，张某2（另案处理）出资40万元占股80%共同成立煤运公司，由张某2任法人代表，煤运公司支付该集团公司固定回报。2009年，为了扩大经营，应张某2要求，该集团将其以旗下房地产有限公司的房产作为抵押向银行贷款，提供给张某2使用，双方签订具体合作协议，张某2除支付固定回报外，并根据其使用的贷款资金的10%支付给该集团作为回报。

2010年，省国资委规定，国有企业不得为民营企业提供贷款担保。身为集团董事长的被告人吴某为了规避国资委的禁止性规定，成立了煤炭贸易部，仍然以房地产公司房产抵押贷款专供张某2使用于煤炭贸易，并约定以集团的名义在银行贷款由张某2偿还，延续以前的合作协议。2013年12月13日，被告人袁某任煤炭贸易部部长，其具有资金安全防范工作、煤炭发运、销售及正常贸易结算业务，拟定贸易资金使用及监管办法，银行贷款手续办理等工作职责。在此期间，被告人吴某对煤运

公司的煤炭经营不管理、不监督，在合同签订、贷款资金调度过程中予以放纵，被告人袁某无视其职责要求，对集团的煤炭贸易疏于管理，对资金调度不予监管，对煤运公司和张某2的经营亏损情况严重失察，致使张某2在资不抵债的情况下继续以集团的名义向银行贷款，造成银行贷款无法如期偿还。

经审计，张某2在煤炭贸易中发生巨额损失，导致集团的银行贷款4597万元无法偿还，造成国有资产损失4597万元。其中，2014年6月，张某2为了利用煤炭贸易套取集团银行信用资金用以偿还殷某（已起诉）的债务，便虚构了与华某公司的煤炭购销合同。被告人吴某、袁某在不对华某公司进行考察、不逐级审核合同、违背公司不与二级代理商合作、未收到任何货物、合同和发票的情况下批准办理支付给华某公司的承兑汇票支付煤款1500万元。张某2拿到汇票后背书找人贴现用于偿还殷某。导致集团目前为止未收到煤炭，造成被诈骗1500万元。

一审法院判决被告人吴某犯国有公司、企业人员滥用职权罪，判处有期徒刑四年；被告人袁某犯国有公司、企业人员失职罪，判处有期徒刑三年。二审改判吴某犯签订、履行合同失职被骗罪，判处有期徒刑三年六个月；袁某犯签订、履行合同失职被骗罪，判处有期徒刑二年六个月。

案例2：擅作主张越权签订合同致损失380万，构成签订、履行合同失职被骗罪

案号：（2018）川20刑终15号

2010年至2015年，被告人陈某在担任某水利电力工程局副局长等职务期间，违反水工局管理规定，在签订合同过程中严重不负责任，擅作主张，以某水工局西北局或者分公司名义先后与他人签订施工合同，并支付对方保证金或中介费等，致使水工局西北局被骗取保证金和中介费共计384万元；违反规定，未经该省水利电力工程局批准，滥用职权，擅自签订合同并支付保证金等费用390万元，致使上述款项全部流失；擅自收取保证金，因合同无法履行，经法院判决认定省水利电力工程局应承担赔偿费、违约金共计145.404422万元；向阎某1、陈某3、明某等人借款合计共972万元，支付高额利息合计444.722万元，给国家财产造成980.126422万元的重大经济损失。

一审判决被告人陈某犯签订、履行合同失职被骗罪，判处有期徒刑

三年，犯国有企业人员滥用职权罪，判处有期徒刑三年，合并决定执行有期徒刑四年六个月。二审对陈某犯签订、履行合同失职被骗罪中部分事实依法认定为犯国有企业人员滥用职权罪，但不影响对一审认定该二罪的量刑，依法驳回上诉，维持原判。

二、签订、履行合同失职被骗罪概述

（一）法律规定

《刑法》

第一百六十七条 【签订、履行合同失职被骗罪】国有公司、企业、事业单位直接负责的主管人员，在签订、履行合同过程中，因严重不负责任被诈骗，致使国家利益遭受重大损失的，处三年以下有期徒刑或者拘役；致使国家利益遭受特别重大损失的，处三年以上七年以下有期徒刑。

第四百零六条 【国家机关工作人员签订、履行合同失职被骗罪】国家机关工作人员在签订、履行合同过程中，因严重不负责任被诈骗，致使国家利益遭受重大损失的，处三年以下有期徒刑或者拘役；致使国家利益遭受特别重大损失的，处三年以上七年以下有期徒刑。

（二）立案标准

根据 2010 年 5 月 7 日最高人民检察院、公安部《关于公安机关管辖的刑事案件立案追诉标准的规定（二）》第十四条规定，[签订、履行合同失职被骗案（刑法第一百六十七条）]国有公司、企业、事业单位直接负责的主管人员，在签订、履行合同过程中，因严重不负责任被诈骗，涉嫌下列情形之一的，应予立案追诉：

（一）造成国家直接经济损失数额在五十万元以上的；

（二）造成有关单位破产，停业、停产六个月以上，或者被吊销许可证和营业执照、责令关闭、撤销、解散的；

（三）其他致使国家利益遭受重大损失的情形。

金融机构、从事对外贸易经营活动的公司、企业的工作人员严重不负责任，造成一百万美元以上外汇被骗购或者逃汇一千万美元以上的，应予立案追诉。

本条规定的"诈骗"，是指对方当事人的行为已经涉嫌诈骗犯罪，不以对方当事人已经被人民法院判决构成诈骗犯罪作为立案追诉的前提。

（三）犯罪构成

1. 主体

签订、履行合同失职被骗罪的犯罪主体是特殊主体，即国有公司、企业、事业单位直接负责的主管人员。

2. 主观方面

签订、履行合同失职被骗罪的犯罪主观方面是过失。如果行为人是与对方当事人恶意串通，合伙诈骗国有公司、企业、事业单位的财产，则是诈骗的共同犯罪而不再是本罪。

3. 客体

签订、履行合同失职被骗罪侵犯的客体是国有公司、企业、事业单位的正常活动秩序和经济利益。

4. 客观方面

签订、履行合同失职被骗罪客观方面表现为两种行为，即行为人在签订、履行合同过程中因为严重不负责任被诈骗，致使国家利益遭受重大损失的行为。

所谓"严重不负责任被诈骗"，是指行为人因为盲目轻信等原因，根本不履行或者不正确地履行自己主管、分管合同签订、履行合同的义务，致使他人利用合同形式骗取单位财务的情形。如国有公司、企业、事业单位的工作人员在签订、履行经济合同的过程中严重不负责任，不认真审查对方当事人的合同主体资格、资信情况，或不认真审查对方的履约能力和货源情况，盲目与无资金或无货源的另一方进行购销活动；或者不了解对方情况，擅自将本单位资金借出受骗；或者无视规章制度和工作纪律，擅自越权签订或者履行经济合同上当受骗造成重大经济损失。

5. 因果关系

签订、履行合同失职被骗罪是结果犯。构成本罪还必须具备"致使国家利益遭受重大损失"。国家利益遭受重大损失包括造成大量资金、财物被诈骗。因为被骗，对方根本不会付款或无法供货，或者工厂濒临破产倒闭等。具体标准如上。

（四）相关界限

（1）区分罪与非罪的界限。界限在于行为人签订、履行合同失职被骗是否使国家利益遭受了重大损失，如果在签订、履行合同时虽然被骗，但发现后及时采取措施，避免了可能造成的损失，不构成犯罪。

（2）区分签订、履行合同失职被骗罪与国家机关工作人员签订、履行合同失职被骗罪的界限。两罪都发生在签订、履行合同过程中，由于严重不负责任而被骗，致使国家利益遭受重大损失。两罪的犯罪主体不同，前者是公司、企业、事业单位直接负责的主管人员，而后者仅限于国家机关工作人员。供电企业工作人员属于作为国有企业人员是国家工作人员，不是国家机关工作人员，此点已在第一章表述。

（3）区分签订、履行合同失职被骗罪与国有公司、企业人员滥用职权罪的区别。本节案例1中，被告人吴某一审被判国有公司、企业人员滥用职权罪，判处有期徒刑四年，二审改判吴某犯签订、履行合同失职被骗罪，判处有期徒刑三年六个月，签订、履行合同失职被骗罪的起刑点为"造成国家直接经济损失数额在五十万元以上"，而国有公司、企业人员滥用职权罪的起刑点为"造成国家直接经济损失数额在 30 万元以上"。

三、防范要点

经济合同是企业与自然人、法人及其他组织等平等主体之间设立、变更、终止民事权利义务关系的协议。供电企业加强合同管理，有利于规范、约束合同行为，防范经营风险。因此，本节侧重讨论供电企业合同管理的风险防范要点。

（一）完善相关配套制度

供电企业需要建立一系列制度体系和机制保障，促进合同管理的作用得到有效发挥。要结合工作实际，全面梳理合同管理中的难点、重点，找出合同管理工作中签订、履行、变更、解除等关键环节的风险节点，修订完善合同管理办法，建立完善合同台账制度、合同授权管理规定、合同编号管理制度等相关配套制度，明确各部门在合同调查、谈判、订立、履行和终结等各环节的职责分工，细化管理要求，减少不必要的扯皮或失误，提高合同的规范化管理水平。

（二）执行好标准化合同范本

供电企业各类合同均有标准化合同范本。合同的标准化管理，不仅大大提高合同管理效率，也可以有效防范合同版本、条款不一的法律风险。

（三）严格合同审核规范

围绕合同起草前对方资质的审查，合同内容关键要素的审查，合同条款的完整性、准确性、合理性、可行性的审查以及是否存在无效条款等合同的关键节点和关键要素，制定合同审核操作规范，细化各监管部门的审查职责，规范合同审查范围和重点，提高合同审核的效率。

（四）严格执行分级授权管理制度

供电企业应当根据经济业务性质、组织机构设置和管理层级安排，建立合同分级管理制度。如案例 2，被告人陈某如果按规定执行好分级授权管理制度，不擅自越权签订合同，即可避免本案的发生。属于上级管理权限的合同，下级单位不得签署。对于重大投资类、融资类、担保类、知识产权类、不动产类合同上级部门应加强管理。下级单位认为确有需要签署涉及上级管理权限的合同，应当提出申请，并经上级合同管理机构批准后办理。上级单位应当加强对下级单位合同订立、履行情况的监督检查。

（五）实行统一归口管理

供电企业要根据实际情况指定法律部门等作为合同归口管理部门，对合同实施统一规范管理，具体负责制定合同管理制度，审核合同条款的权利义务对等性，管理合同标准文本，管理合同专用章，定期检查和评价合同管理中的薄弱环节，采取相应控制措施，促进合同的有效履行等。同时健全合同管理考核与责任追究制度，开展合同后评估，对合同订立、履行过程中出现的违法违规行为，应当追究有关机构或人员的责任。

（六）合同全过程管理

合同管理是动态性的，它包含了合同的洽谈、草拟、签订、生效、修改、补充、中止直至失效的整个过程。如本节案例 1，被告人吴某、袁某如果在合同订立前，按规定进行合同调查，充分了解合同对方的主体资格、信用状况等有关情况，即可充分了解方当事人的履约能力；或者在未收到任何货物、合同和发票的情况下，公司财务部门拒绝付款，均可有效避免巨额损失。

第六节　财务相关人员的隐匿、故意销毁会计凭证、会计账簿、财务会计报告罪风险

一、参考案例

案例：依法应当保存的会计凭证、会计账簿、财务会计报告不得隐匿、故意销毁

案号：（2017）晋 04 刑终 504 号

被告人李某原系某县某局局长，被告人张某原系该局副局长，杨某原系某保护区副主任，现已退休。2004 年 1 月份，被告人李某、张某、杨某以各自家属名义合伙承包了某县中央山林场的经营权、使用权，三被告人也参与了经营。2015 年农历正月的一天，被告人张某受被告人李某的指使，与被告人杨某在张某家中将中央山林场的会计凭证、账簿烧毁。经某会计事务所鉴定：被销毁的中央山林场 2004 年至 2015 年会计账簿记录经济业务发生金额为 2819424.60 元。一审法院认定，辩护意见关于《司法鉴定意见书》记载 2015 年 3 月拨付补助款两笔 11135.4 元和 62700 元，因销毁凭证的时间是 2015 年正月，应将该两笔数额剔除的意见，与查明事实相符，予以采纳。判决被告人李某犯故意销毁会计凭证、会计账簿罪，判处有期徒刑一年，并处罚金四万元，并与其他因此行数罪并罚；被告人张某犯故意销毁会计凭证、会计账簿罪，判处有期徒刑十个月，缓刑一年，并处罚金三万元；被告人杨某犯故意销毁会计凭证、会计账簿罪，判处有期徒刑十个月，缓刑一年，并处罚金三万元。二审驳回上诉，维持原判。

二、隐匿、故意销毁会计凭证、会计账簿、财务会计报告罪概述

（一）法律规定

《刑法》

第一百六十二条　之一【隐匿、故意销毁会计凭证、会计账簿、财务会计报告罪】隐匿或者故意销毁依法应当保存的会计凭证、会计账簿、财务会计报告，情节严重的，处五年以下有期徒刑或者拘役，并处或者单处二万元以上二十万元以下罚金。

单位犯前款罪的，对单位判处罚金，并对其直接负责的主管人员和其他直接责任人员，依照前款的规定处罚。

（二）立案标准

根据最高人民检察院、公安部《关于经济犯罪案件追诉标准的规定》第 7 条，隐匿或者故意销毁依法应当保存的会计凭证、会计账簿、财务会计报告，涉嫌下列情形之一的，应予追诉：1. 隐匿、销毁的会计资料涉及金额在 50 万元以上的；2. 为逃避依法查处而隐匿、销毁或者拒不交出会计资料的。

（三）处罚标准

《会计法》

第四十四条　隐匿或者故意销毁依法应当保存的会计凭证、会计账簿、财务会计报告，构成犯罪的，依法追究刑事责任。

有前款行为，尚不构成犯罪的，由县级以上人民政府财政部门予以通报，可以对单位并处五千元以上十万元以下的罚款；对其直接负责的主管人员和其他直接责任人员，可以处三千元以上五万元以下的罚款；属于国家工作人员的，还应当由其所在单位或者有关单位依法给予撤职直至开除的行政处分；对其中的会计人员，并由县级以上人民政府财政部门吊销会计从业资格证书。

第四十五条　授意、指使、强令会计机构、会计人员及其他人员伪造、变造会计凭证、会计账簿，编制虚假财务会计报告或者隐匿、故意销毁依法应当保存的会计凭证、会计账簿、财务会计报告，构成犯罪的，依法追究刑事责任；尚不构成犯罪的，可以处五千元以上五万元以下的罚款；属于国家工作人员的，还应当由其所在单位或者有关单位依法给予降级、撤职、开除的行政处分。

（四）犯罪构成

1. 主体

隐匿、故意销毁会计凭证、会计账簿、财务会计报告罪的犯罪主体为一般主体，个人和单位均可构成本罪。即所有依《会计法》的规定办理会计事务的国家机关、社会团体、公司、企业、事业单位等组织和个人，都可以成为该罪的主体。

此外，根据《会计法》第四十五条的规定，有关人员授意、指使、强令会计机构、会计人员及其他人员隐匿、故意销毁依法应当保存的会计凭证、会计账簿、财务会计报告，情节严重的，也可以构成本罪。

2. 主观方面

隐匿、故意销毁会计凭证、会计账簿、财务会计报告罪的主观方面由故意构成，即行为人明知会计凭证、会计账簿、财务会计报告应当依法保存，故意予以隐匿或者销毁。行为人隐匿或者故意销毁财会凭证一般具有某种目的，如逃避监督检查、清算等。过失不构成本罪。

3. 客体

隐匿、故意销毁会计凭证、会计账簿、财务会计报告罪侵犯的客体，是国家会计管理秩序和有关国家机关的正常管理活动。

4. 客观方面

隐匿、故意销毁会计凭证、会计账簿、财务会计报告罪的客观方面，表现为隐匿或者故意销毁依法应当保存的会计凭证、会计账簿、财务会计报告，情节严重的行为。

（1）"隐匿"，是指个人或者单位在有关机关监督检查其会计工作，调查了解有关犯罪证据，要求其提供会计凭证、会计账簿、财务会计报告时，有意转移、隐藏依法应当保存的会计凭证、会计账簿、财务会计报告的行为。

（2）"销毁"，是指将依法应当保存的会计凭证、会计账簿、财务会计报告予以毁灭、损毁的行为。

三、防范要点

《会计法》第二十三条规定，各单位对会计凭证、会计账簿、财务会计报告和其他会计资料应当建立档案，妥善保管。会计资料是一个单位经济活动的重要记录，对于有效实施国家经济管理活动或者对于查证有关违法犯罪活动具有重要作用。本节重点讨论会计凭证、会计账簿、财务会计报告的规范管理。

（一）正确、合理地组织汇款凭证的传递

供电企业应根据经济业务的特点、机构设置、人员分工情况，以及经营管理上的需要，明确规定会计凭证的联次及其流程，及时处理和登记经济业务，协调单位内部各部门、各环节的工作。明确会计凭证的传递时间，防止拖延处理和积压凭证，保证会计工作的正常秩序，提高工作效率。根据有关部门和人员对经济业务办理必要手续的需要，确定凭证在各个环节停留的时间，防止不必要的耽搁，从而使会计凭证以最快速度传递，以充分发挥会计凭证及时传递经济信息的作用。

（二）建立凭证交接的签收制度

为了确保会计凭证的安全和完整，凭证的收发、交接都应按一定的手续制度办理，且在各个环节中都应指定专人办理交接手续，做到责任明确，手续完备、严密、简便易行，以保证会计凭证的安全和完整。

（三）加强会计凭证集中归档保管

会计凭证保管是指将办理完毕的会计凭证进行整理、归档和保存的整个工作。会计凭证保管是保证会计资料完整与安全的重要环节。平时应将装订成册的会计凭证交专人负责保管，年终决算后，则须将全年凭证移交档案室造册登记，归档集中保管。查阅档案室保管的凭证，应履行一定的审批手续，详细登记调阅凭证的名称、调阅日期、调阅人员的姓名、工作单位及调阅理由等，一般就地查阅。原始凭证不得外借，其他单位如因特殊原因需要使用原始凭证时，经本单位会计机构负责人、会计主管人员批准，可以复制。向外单位提供的原始凭证复制件，应当在专设的登记簿上登记，并由提供人员和收取人员共同签名或者盖章。

（四）严格执行会计凭证期满销毁规定

会计凭证的保管期限分为永久和定期保管两种。除年度会计报表及某些涉外的会计凭证、会计账簿属于永久保管外，其他属于定期保管，期限为3年、5年、10年、15年和25年五种。会计凭证保管期满销毁时，必须严格按制度规定执行，登记造册，报单位领导审批后，方可销毁。

第七节　电力设备制造企业的生产、销售不符合安全标准的产品罪风险

一、参考案例

案例 1：无证生产严重质量缺陷的喷嘴造成事故，构成生产、销售

不符合安全标准的产品罪

案号：（2018）鄂 05 刑终 328 号

被告单位某仪表公司于 2006 年 12 月 4 日登记注册成立，企业性质为有限责任公司，法定代表人杨某。其实际经营者为被告人李某。2015 年 9 月 29 日，某发电公司因热电项目建设需要，通过邀请招标的形式采购"一体焊接式长径喷嘴"和 1 套标准喷嘴。被告人李某明知其仪表公司没有生产"一体焊接式长径喷嘴"和"标准喷嘴"的《制造计量器具许可证》，也不具备制造"一体焊接式长径喷嘴"的资源条件，却通过向时任负责发电公司物资采购招投标的张某（另案处理）行贿的方式获得邀请招标的资格，并以最低价中标。双方于 2015 年 10 月 19 日签订了价值 62 万元的一体焊接式长径喷嘴物资供应合同。李某接到订单后通过查看相关书籍、网上查询的方法自行设计并指导焊工进行加工、组装了 13 套"一体焊接式长径喷嘴"和 1 套标准喷嘴。产品生产后，李某未对产品进行无损检测，而是伪造了产品出厂检验报告和产品合格证。2016 年 2 月 2 日，双方又签订一份价值 18.4 万元的一体焊接式长径喷嘴物资供应合同，随后李某将生产的"一体焊接式长径喷嘴"和 1 套标准喷嘴销售给发电公司。其中 2 套"一体焊接式长径喷嘴"被发电公司分别安装在 2 号锅炉和 3 号锅炉的管道上。2016 年 8 月 11 日下午，发电公司在试生产过程中，因 2 号锅炉蒸汽管道上的"一体焊接式长径喷嘴"发生裂爆，导致蒸汽外泄，进而发生爆炸。该事故致 22 人死亡，4 人受伤，直接经济损失 2313 万元。经事故调查组技术报告认定，仪表公司制造的"一体焊接式长径喷嘴"属无证生产、存在严重质量缺陷、不符合安全要求、伪造合格证明文件的伪劣产品，是造成该起事故的最主要原因。一审法院判决被告单位仪表有限公司犯生产、销售不符合安全标准的产品罪，判处罚金一百六十万元；被告人李某犯生产、销售不符合安全标准的产品罪，判处有期徒刑十五年，并处罚金八十万元。二审维持原判。

案例 2：减肥仪属低压成套开关设备，未经 3C 认证致人触电构成生产、销售不符合安全标准的产品罪

案号：（2014）杨刑初字第 765 号

2011 年 8 月，被告单位某公司注册成立，经营范围为美容美发设备

的加工、制造及销售，法定代表人颜某甲。同年9月，该公司变更法定代表人为颜某乙。公司由被告人颜某甲、颜某乙共同经营，二人经分工，由颜某甲负责产品的生产、加工，颜某乙负责产品的销售。2011年8月至2012年10月，被告单位生产减肥仪器，根据国家规定，该减肥仪器属低压成套开关设备和控制设备的一种，应进行国家"3C"认证，但该公司并未对上述减肥仪器进行认证。被告人颜某甲为达到销售目的，伪造"3C"认证标志在该减肥仪器上张贴，被告人颜某乙明知"3C"认证标志系伪造仍予以销售。其后，该公司将10余台减肥仪器以每台人民币1600元的价格销售给某美容有限公司，后颜某甲的公司根据美容有限公司负责人刘某某的要求在减肥仪器上标注"贵芙好瘦身魔体馆"字样，后以同样价格销售给美容有限公司共计70余台。其后，美容有限公司将上述减肥仪器销往上海、苏州和宁波地区。2013年5月28日上午，张某在使用上述减肥仪器时触电身亡。经某司法鉴定中心鉴定，张某系电击致死。经鉴定，"贵芙好瘦身魔体馆"减肥仪器不符合相关国家安全标准，存在致使用者触电的安全隐患。法院判决被告单位某公司犯生产、销售不符合安全标准的产品罪，判处罚金人民币七万元；被告人颜某甲犯生产、销售不符合安全标准的产品罪，判处有期徒刑一年六个月，缓刑一年六个月，罚金人民币一万元；被告人颜某乙犯生产、销售不符合安全标准的产品罪，判处有期徒刑二年，缓刑二年，罚金人民币一万五千元。

案例3：出售电阻试验不合格的电缆，尚未使用构成销售伪劣产品罪

案号：（2018）苏09刑终469号

2017年3月17日，被告人丁某明知其向张某出售的电缆线不符合国家标准，仍向张某出售该电缆线3000米并收取货款人民币69000元。丁某按照张某提供的地址将该批电缆线送至张某位于某街道路灯工程的工地上。该批电缆在送达工地后，当日即被该区市场监督管理局查获，并当场抽样取证。经国家电线电缆质量监督检验中心抽样检测：该样品导体直流电阻试验项目不符合GB/T 12706.1—2008的标准要求，其余所测项目符合GB/T 12706.1—2008的标准要求，检测结论为样品不合格。

法院判决被告人丁某犯销售伪劣产品罪，判处有期徒刑六个月，并

处罚金人民币四万元。

案例4：转销不合格电缆，构成销售伪劣产品罪

案号：（2014）金永刑初字第480号

2010年2月，杨某（已判决）在某市销售伪劣的工业电缆线，经被告人黄某转手加价销售给他人，被告人黄某销售金额为92785元，从中获利人民币5000元。2014年4月8日，被告人黄某退出违法所得人民币5000元。法院认为，被告人黄某违反国家产品质量监督管理法规，销售不符合国家安全标准的伪劣电缆线，销售金额92785元，其行为已构成销售伪劣产品罪。判处被告人黄某有期徒刑八个月，缓刑一年，并处罚金人民币四万七千元。

案例5：西安地铁3号线电缆生产者犯生产、销售伪劣产品罪，获无期徒刑

2017年3月13日，一名自称是奥凯电缆员工的网友发帖举报西安地铁3号线存在严重安全隐患，整条线路所用电缆是"一家不符合国家标准的小作坊"所生产，存在"偷工减料，各项生产指标都不符合地铁施工标准"等问题。

3月16日，西安官方宣布组成联合调查组核查事件，并抽样送权威机构，检测结果将第一时间公布；3月17日，西安市政府召开新闻发布会，宣布抽检的奥凯电缆六个批次中有三个批次不合格，一次伪造检验报告；3月20日，西安市政府召开第二次新闻发布会，称地铁3号线送检的电缆样本均不合格，将全部更换，奥凯公司8人被依法控制。

2019年3月29日，西安中院公开一审宣判，被告单位陕西奥凯电缆有限公司犯生产、销售伪劣产品罪，单位行贿罪，数罪并罚，决定执行罚金人民币3050万元；被告人王某犯生产、销售伪劣产品罪，单位行贿罪，行贿罪，数罪并罚，决定执行无期徒刑、剥夺政治权利终身，并处罚金人民币2150万元；其余7名被告人犯生产、销售伪劣产品罪，单位行贿罪，分别判处有期徒刑七年至十二年又三个月不等的刑期，并处罚金。

该事件共问责处理地方职能部门122名责任人，包括16名厅级官员，58名处级官员；对中央企业驻陕单位19名涉案人员立案侦查。

二、法律分析

（一）法律规定

《刑法》

第一百四十六条　【生产、销售不符合安全标准的产品罪】生产不符合保障人身、财产安全的国家标准、行业标准的电器、压力容器、易燃易爆产品或者其他不符合保障人身、财产安全的国家标准、行业标准的产品，或者销售明知是以上不符合保障人身、财产安全的国家标准、行业标准的产品，造成严重后果的，处五年以下有期徒刑，并处销售金额百分之五十以上二倍以下罚金；后果特别严重的，处五年以上有期徒刑，并处销售金额百分之五十以上二倍以下罚金。

第一百四十九条　【对生产、销售伪劣商品行为的法条适用】生产、销售本节第一百四十一条至第一百四十八条所列产品，不构成各该条规定的犯罪，但是销售金额在五万元以上的，依照本节第一百四十条的规定定罪处罚。

生产、销售本节第一百四十一条至第一百四十八条所列产品，构成各该条规定的犯罪，同时又构成本节第一百四十条规定之罪的，依照处罚较重的规定定罪处罚。

第一百五十条　【单位犯本节规定之罪的处理】单位犯本节第一百四十条至第一百四十八条规定之罪的，对单位判处罚金，并对其直接负责的主管人员和其他直接责任人员，依照各该条的规定处罚。

最高人民法院、最高人民检察院《关于办理危害生产安全刑事案件适用法律若干问题的解释》法释〔2015〕22号

第十一条　生产不符合保障人身、财产安全的国家标准、行业标准的安全设备，或者明知安全设备不符合保障人身、财产安全的国家标准、行业标准而进行销售，致使发生安全事故，造成严重后果的，依照刑法第一百四十六条的规定，以生产、销售不符合安全标准的产品罪定罪处罚。

（二）立案标准

根据最高人民检察院、公安部《关于公安机关管辖的刑事案件立案追诉标准的规定（一）》第二十二条，[生产、销售不符合安全标准的产品案（刑法第一百四十六条）〕生产不符合保障人身、财产安全的国家标准、行业标准的电器、压力容器、易燃易爆或者其他不符合保障人身、财产安全的国家标准、行业标准的产品，或者销售明知是以上不符合保障人身、财产安全的国家标准、行业标准的产品，涉嫌下列情形之一的，应予立案追诉：

（一）造成人员重伤或者死亡的；

（二）造成直接经济损失十万元以上的；

（三）其他造成严重后果的情形。

（三）犯罪构成

1. 主体

生产、销售不符合安全标准的产品罪的主体要件为一般主体，即达到刑事责任年龄、具有刑事责任能力的任何人均可构成本罪。依《刑法》第一百五十条之规定，单位也能构成本罪的主体。

2. 主观方面

生产、销售不符合安全标准的产品罪的主观要件为故意犯罪。这种故意在生产环节上表现为，对所生产的电器、压力容器等产品是否符合标准采取放任的态度，或者明知所生产的产品不符合保障人身、财产安全的有关标准而仍然继续生产的；在销售环节上表现为，明知所销售的产品不符合标准而仍然予以出售的。

3. 客体

生产、销售不符合安全标准的产品罪侵犯的客体为双重客体，即国家对生产、销售电器、压力容器、易燃易爆产品等的安全监督管理制度和公民的健康权、生命权。

4. 客观方面

生产、销售不符合安全标准的产品罪的客观方面表现为生产或者销售不符合保障人身、财产安全的国家标准、行业标准的电器、压力容器、易燃易爆产品或者其他不符合保障人身、财产安全的国家标准、行业标准的产品，并且造成严重后果的行为。如果生产、销售的是没有有关保障人身、财产安全的国家标准或行业标准的、一般性带有燃爆性质的产品，即只有企业标准的产品，则不构成本罪而是可能构成生产、销售伪劣产品罪等。

5. 因果关系

生产、销售不符合安全标准的产品罪为结果犯，其不仅要求有生产、销售上述不符合标准的产品的行为，而且还必须造成严重后果才可构成本罪。如果仅是具有上述行为，而没有严重的后果，即没有造成危害结果，或虽有危害结果但不是严重的危害结果，也不能构成本罪，构成犯罪也是他罪。根据《刑法》第一百四十九条之规定，生产、销售不符合保障人身、财产安全的国家标准、行业标准的上述产品，如不构成本罪，但销售金额在 5 万元以上的，即构成生产、销售伪劣产品罪，如案例 3、案例 4、案例 5。如果构成本罪，根据其销售金额，又构成生产、销售伪劣产品罪的，则按该条规定的法条竞合的处罚原则即重法优于轻法原则，依照处刑较重的罪定罪量刑。

本罪属选择性罪名，实施生产或者销售行为之一的，均可构成本罪。生产不符合安全标准的产品的，定生产不符合安全标准的产品罪，销售不符合安全标准的产品的，定销售不符合安全标准的产品罪。既生产又销售的，定生产、销售不符合安全标准的产品罪，不实行数罪并罚。

（四）相关界限

本罪与生产、销售伪劣产品罪的区别在于，两罪的犯罪构成基本相同，但在犯罪客观方面存在差别。本罪为生产、销售的产品不符合保障人身、财产安全标准造成严重后果；后者则表现为在产品中掺杂、掺假，以假充真，以次充好等等，不要求造成严重后果。两罪的立案和量刑标准也不一样，生产、销售伪劣产品罪以销售金额为量刑标准，五万元以上的即应立案追诉。

三、防范要点

电器、压力容器、易燃易爆产品等必须达到安全标准，否则可能危及人身健康和人身、财产安全。除《刑法》外，国家还通过其他法律法规等规定了这些产品的国家标准和行业标准，以及监督抽查的管理制度和生产、销售许可证制度。如规定了低压成套开关设备和控制设备应进行国家"3C"认证等。

供电企业的主要风险点在设备制造、销售企业。部分关联设备制造企业因生产、制造能力有限，可能存在购进其他厂家设备、零构件组装的情况，甚至也不排除对成套电器设备的贴牌销售现象，因此，供电企业应特别注意防范生产、销售不符合安全标准的产品罪和生产、销售伪劣产品罪的风险。

第八节　供电企业经营管理其他刑事风险法条

《刑法》

第一百五十八条　【虚报注册资本罪】申请公司登记使用虚假证明文件或者采取其他欺诈手段虚报注册资本，欺骗公司登记主管部门，取得公司登记，虚报注册资本数额巨大、后果严重或者有其他严重情节的，处三年以下有期徒刑或者拘役，并处或者单处虚报注册资本金额百分之一以上百分之五以下罚金。

单位犯前款罪的，对单位判处罚金，并对其直接负责的主管人员和其他直接责任人员，处三年以下有期徒刑或者拘役。

第一百五十九条　【虚假出资、抽逃出资罪】公司发起人、股东违反公司法的规定未交付货币、实物或者未转移财产权，虚假出资，或者在公司成立后又抽逃其出资，数额巨大、后果严重或者有其他严重情节的，处五年以下有期徒刑或者拘役，并处或者单处虚假出资金额或者抽逃出资金额百分之二以上百分之十以下罚金。

单位犯前款罪的，对单位判处罚金，并对其直接负责的主管人员和其他直接责任人员，处五年以下有期徒刑或者拘役。

第一百六十一条　【违规披露、不披露重要信息罪】依法负有信息披露义务的公司、企业向股东和社会公众提供虚假的或者隐瞒重要事实的财务会计报告，或者对依法应当披露的其他重要信息不按照规定披露，严重损害股东或者其他人利益，或者有其他严重情节的，对其直接负责的主管人员和其他直接责任人员，处三年以下有期徒刑或者拘役，并处或者单处二万元以上二十万元以下罚金。

第一百六十二条　【妨害清算罪】公司、企业进行清算时，隐匿财产，对资产负债表或者财产清单作虚伪记载或者在未清偿债务前分配公司、企业财产，严重损害债权人或者其他人利益的，对其直接负责的主管人员和其他直接责任人员，处五年以下有期徒刑或者拘役，并处或者单处二万元以上二十万元以下罚金。

第一百六十九条【徇私舞弊低价折股、出售国有资产罪】国有公司、企业或者其上级主管部门直接负责的主管人员，徇私舞弊，将国有资产低价折股或者低价出售，致使国家利益遭受重大损失的，处三年以下有期徒刑或者拘役；致使国家利益遭受特别重大损失的，处三年以上七年以下有期徒刑。

第四章　供电企业廉洁从业刑事法律风险识别与防范

供电企业廉洁从业方面的刑事责任风险主要是相关单位、人员的贪污、受贿、行贿风险。关于贪污、受贿、行贿，比较容易产生误解除的方面一是认为法不责众，二是认为只要不拿到个人口袋里就没有问题。这些认识有失偏颇。

本章从《刑法》第八章"贪污贿赂罪"十二个罪名中，筛选出与供电企业关联性较大的贪污罪、挪用公款罪、受贿罪、单位行贿罪、巨额财产来源不明罪、私分国有资产罪、利用影响力受贿等七个罪名，作重点分析。

第一节　涉财、物岗位的贪污罪风险

一、参考案例

案例 1：农电工身份为国家工作人员，非法占有公共财物构成贪污罪

案号：（2018）浙 0604 刑初 705 号

被告人徐某原系某供电所农电工，主要负责某供电所的监控平台、报账、营销业务流程等。2016 年 10 月至 2017 年 12 月，被告人徐某在工作期间利用其职务上报账的便利，多次采用虚报食堂账的方式，贪污农村电网维护管理费人民币 17557 元。2017 年 8 月至 2018 年 1 月，被告人徐某利用其职务上报账的便利，多次采用虚报人数、伪造出差事由、仿造他人签名等方式，虚报他人差旅费款项，贪污农村电网维护管理费人民币 174933 元。法院认为，被告人徐某作为国有企业从事管理工作的人员，利用职务上的便利，骗取国有财物，数额较大，其行为已构成贪污罪。被告人徐某犯罪后自动投案，如实供述自己的罪行，依法可从轻处罚；在立案侦查前退出全部赃款，依法可从轻处罚。判决被告人徐某犯贪污罪，判处有期徒刑一年十个月，缓刑二年六个月，并处罚金人民币十五万元。

案例 2：侵吞供电所资金构成贪污罪

案号：（2017）粤 06 刑终 955 号

被告人谢某原系某供电所所长、陈某原系该供电所营销部经理、张某原系该供电所基建物资部经理。自 2002 年 11 月至 2009 年 11 月，被

告人谢某利用职务之便，侵吞供电所资金人民币 320 万元，同时收受他人好处费人民币 477 万元；陈某利用职务之便，伙同谢某侵吞供电所资金人民币 290 万元，同时收受他人好处费人民币 124 万元及价值 82 万元的大众途锐汽车一台。法院判决：被告人谢某犯贪污罪，判处有期徒刑十年，并处罚金人民币六十万元；被告人陈某犯贪污罪，判处有期徒刑七年，并处罚金人民币三十万元。二人均与其他罪行数罪并罚。二审驳回上诉，维持原判。

案例 3：抄表员侵吞电费用于个人消费及赌博构成贪污罪

案号：（2019）湘 0381 刑初 76 号

被告人龚某某系某供电公司抄表收费员。2007 年 1 月至 2007 年 3 月，被告人龚某某利用其担任抄表收费员的职务便利，收取由其负责的某有限公司某采石场、某某铁合金有限公司、某服务区电费共计 566316.62 元，不上交而用于个人开办企业、炒股、偿还房款、赌博等活动。龚某某在被检察院决定逮捕后一直潜逃，为逃避追捕，化名为陶某某，直至 2018 年 11 月 14 日被公安机关抓获。法院认为，被告人龚某某身为国有企业工作人员，利用职务上的便利，侵吞公共财物，其行为侵犯了公共财物的所有权和国有企业工作人员职务的廉洁性，构成贪污罪。对辩护人关于"龚某某的行为构成挪用公款罪，不构成贪污罪"的辩护意见未予采纳。判决被告人龚某某犯贪污罪，判处有期徒刑四年六个月，并处罚金人民币二十万元；追缴被告人龚某某违法所得人民币 566316.62 万元，并上缴国库。

案例 4：侵吞私营企业主货款构成职务侵占罪

案号：（2019）湘 1003 刑初 10 号

被告人邝某某于 2005 年 3 月至 2009 年 6 月在某科技公司市场部从事市场营销工作，主要负责某区片区电子电力产品销售。在此期间，被告人邝某某利用其代表科技公司向客户收取货款的职务便利，侵吞该公司货款共计 134520 元。

法院认为，被告人邝某在科技有限公司担任销售员期间，利用代收货款的职务便利，将公司的财物非法占为己有，金额达 134520 元，数额较大，其行为已构成职务侵占罪。对邝某某的行为构成挪用资金罪的辩护意见未予采纳。判决被告人邝某犯职务侵占罪，判处有期徒刑一年三个月；继续追缴被告人邝某职务侵占所得赃款 134520 元，发还给科技有限公司。

案例 5：村集体工作人员侵占村集体电费构成职务侵占罪

案号：（2019）鲁 1626 刑初 40 号

2013 年 9 月至 2018 年 2 月，被告人魏某在担任某镇某村变电站充电员期间，利用职务之便，采取修改用户购电数据、伪造用户购电收据等手段，将村集体电费 192479.60 元据为己有。法院认为，被告人魏某以非法占有为目的，侵占村集体财产 192479.60 元，数额较大，判决被告人魏某犯职务侵占罪，判处有期徒刑十一个月，缓刑一年。

案例 6：电气安装有限公司人员窃取废旧电缆构成职务侵占罪

案号：（2019）苏 0205 刑初 10 号

被告人成某、蒋某原在某电气安装有限公司工作。被告人胡某为个体废品回收人员。2017 年 2 月至 2018 年 7 月，被告人成某和蒋某在某电气安装有限公司工作期间，违反公司规定，利用职务便利，多次私自将工作中拆换下来的废旧电缆线占为己有后至被告人胡某处销赃。2018 年 1 月 1 日，被告人成某在某公司内，乘无人之际，窃得该公司工程车上 10 余公斤的废旧电缆线（价值 300 元）至胡某设立的废品收购站销赃，得款 300 元。2018 年 2 月 28 日，被告人成某在某公司内，乘无人之际，窃得该公司仓库内 100 余公斤废旧电缆线（价值 3000 元）至胡某设立的废品收购站销赃，得款 3000 元。2017 年 10 月至 2018 年 7 月间，被告人胡某明知被告人成某单独或伙同被告人蒋某向其出售的废旧电缆线系犯罪所得赃物，仍多次予以收购，价值共计约 18 万余元。

法院认为：被告人成某单独或伙同被告人蒋某在某公司工作期间，多次利用职务上的便利，将线路维修更换工作中回收的或集中存放于公司仓库内待卖的废旧电缆线非法占为己有，数额较大，其行为已构成职务侵占罪，部分系共同犯罪；被告人成某以非法占有为目的，秘密窃取公私财物，数额较大，其行为还构成盗窃罪，应数罪并罚；被告人胡某明知是犯罪所得赃物而予以收购，情节严重，其行为已构成掩饰、隐瞒犯罪所得罪。判决：被告人成某犯职务侵占罪，判处有期徒刑一年六个月；犯盗窃罪，判处罚金人民币三千元，决定执行有期徒刑一年六个月，缓刑一年六个月。被告人蒋某犯职务侵占罪，判处有期徒刑六个月，缓刑六个月。被告人胡某犯掩饰、隐瞒犯罪所得罪，判处有期徒刑三年，缓刑三年，并处罚金人民币一万元。

二、贪污罪概述

（一）法律规定

《刑法》

第三百八十二条 【贪污罪】国家工作人员利用职务上的便利，侵吞、窃取、骗取或者以其他手段非法占有公共财物的，是贪污罪。

受国家机关、国有公司、企业、事业单位、人民团体委托管理、经营国有财产的人员，利用职务上的便利，侵吞、窃取、骗取或者以其他手段非法占有国有财物的，以贪污论。

与前两款所列人员勾结，伙同贪污的，以共犯论处。

第三百八十三条 【贪污罪的处罚规定】对犯贪污罪的，根据情节轻重，分别依照下列规定处罚：

（一）贪污数额较大或者有其他较重情节的，处三年以下有期徒刑或者拘役，并处罚金。

（二）贪污数额巨大或者有其他严重情节的，处三年以上十年以下有期徒刑，并处罚金或者没收财产。

（三）贪污数额特别巨大或者有其他特别严重情节的，处十年以上有期徒刑或者无期徒刑，并处罚金或者没收财产；数额特别巨大，并使国家和人民利益遭受特别重大损失的，处无期徒刑或者死刑，并处没收财产。

对多次贪污未经处理的，按照累计贪污数额处罚。

犯第一款罪，在提起公诉前如实供述自己罪行、真诚悔罪、积极退赃，避免、减少损害结果的发生，有第一项规定情形的，可以从轻、减轻或者免除处罚；有第二项、第三项规定情形的，可以从轻处罚。

犯第一款罪，有第三项规定情形被判处死刑缓期执行的，人民法院根据犯罪情节等情况可以同时决定在其死刑缓期执行二年期满依法减为无期徒刑后，终身监禁，不得减刑、假释。

第三百九十四条 【贪污罪】国家工作人员在国内公务活动或者对外

交往中接受礼物，依照国家规定应当交公而不交公，数额较大的，依照本法第三百八十二条、第三百八十三条的规定定罪处罚。

（二）立案标准

1997 年《刑法》确定的贪污罪、受贿罪起刑点为 5000 元。《刑法修正案（九）》取消了贪污罪、受贿罪的定罪量刑的数额标准，代之以"数额较大""数额巨大""数额特别巨大"，以及"较重情节""严重情节""特别严重情节"。2016 年 4 月 18 日起施行的最高人民法院、最高人民检察院《关于办理贪污贿赂刑事案件适用法律若干问题的解释》，贪污罪、受贿罪起刑点由 5000 元调整为三万元，规定受贿数额在三万元以上不满二十万元为"数额较大"，应依法判处三年以下有期徒刑或者拘役，并处罚金；受贿数额在二十万元以上不满三百万元的为"数额巨大"，依法判处三年以上十年以下有期徒刑，并处罚金或者没收财产；受贿数额在三百万元以上为"数额特别巨大"，依法判处十年以上有期徒刑、无期徒刑或者死刑，并处罚金或者没收财产。

如果贪污救灾、抢险、防汛、优抚、扶贫、移民、救济、防疫、社会捐助等特定款物，或曾因贪污、受贿、挪用公款受过党纪、行政处分，或曾因故意犯罪受过刑事追究，或赃款赃物用于非法活动，或拒不交代赃款赃物去向或者拒不配合追缴工作，致使无法追缴，或造成恶劣影响或者其他严重后果的，认定为"其他较重情节"，降低起刑点，即有上述"其他较重情节"的，贪污数额在一万元以上不满三万元，依法判处三年以下有期徒刑或者拘役，并处罚金；贪污数额在十万元以上不满二十万元，依法判处三年以上十年以下有期徒刑，并处罚金或者没收财产；贪污数额在一百五十万元以上不满三百万元，依法判处十年以上有期徒刑、无期徒刑或者死刑，并处罚金或者没收财产。

对多次贪污未经处理的，按照累计贪污数额处罚。

（三）犯罪构成

1. 主体

贪污罪的主体是国家工作人员，即国家机关中从事公务的国家工作人员；在国有公司、企事业单位和人民团体中从事公务的人员；受国有单位委派到非国有单位中从事公务的人员；其他依照法律从事公务的人员。

2．主观方面

贪污罪在主观方面是直接故意，具有非法占有公共财物的目的。过失不构成本罪。贪污罪不以特定的犯罪动机为其主观方面的必备要素，只要行为人故意实施了利用职务之便非法占有公共（国有）财物的行为，无论出于何种动机，均可构成贪污罪。

3．客体

贪污罪侵犯的客体是复杂客体。既侵犯了公共财物的所有权，又侵犯了国家机关、国有企业事业单位的正常活动以及职务的廉洁性，主要是侵犯了职务的廉洁性。

4．客观方面

贪污罪的客观方面表现为利用职务之便，侵吞、窃取、骗取或者以其他手段非法占有公共财物的行为。这是贪污罪区别于盗窃、诈骗、抢夺等侵犯财产罪的重要特征。

侵吞财物，是指行为人将自己管理或经手的公共财物非法转归自己或他人所有的行为。如，将自己管理或经手的公共财物加以隐匿、扣留，应上交的不上交，应支付的不支付，应入账的不入账；将自己管理、使用或经手的公共财物非法转卖或擅自赠送他人；将追缴的赃款赃物或罚没款物私自用掉或非法据为私有。

窃取财物，是指行为人利用职务之便，采取秘密窃取的方式，将自己管理的公共财物非法占有的行为，也就是通常所说的监守自盗。

骗取财物，是指行为人利用职务之便，采取虚构事实或隐瞒真相的方法，非法占有公共财物的行为。例如出差人员用涂改或伪造单据的方法虚报或谎报支出冒领公款，工程负责人多报工时或伪造工资表冒领工资，收购人员谎报收购物资等级从中骗取公款等。

此外，如果贪污数额较小，情节轻微的，一般也不以贪污罪论处，而给以党纪、政纪处分。

（四）相关界限

（1）贪污罪与职务侵占罪的区别关键在身份。供电企业用工情况十分复杂，人员身份多种，只要与供电企业成立劳动关系，均可作为贪污罪主体。如本节案例1中，法院认定农电服务公司由县级供电企业出资设立或全资控股的，运营资金性质为国有。农电工与农电服务公司成立劳动关系。农电公司的主要员工是农电工，这些农电工挂在农电公司名下，具体工作地点在供电公司的各个供电所，从事的工作也是供电所的相关工作，包括电力运销、运检等工作。法院调取了劳动合同、社会保险参保证明、ERP 系统导出的组织和人员清单，证实被告人徐某的劳动关系在农电服务公司，工作场所在供电所，为监控室监控人员，并纳入电网公司人力资源库，主要从事监控工作，处理营销系统流程监控，业务流程中的故障、改类、查勘等环节处理，兼食堂管理、财务流程及出差住勤报账等工作。法院认定农电服务公司所招用的工作人员为国家工作人员，依法构成贪污罪。

之所以要区分人员身份，是因为非国家工作人员职务侵占罪的立案标准高于国家工作人员的贪污罪。根据最高人民法院、最高人民检察院《关于办理贪污贿赂刑事案件适用法律若干问题的解释》（法释〔2016〕9号）第十一条，《刑法》第二百七十一条规定的职务侵占罪中的"数额较大""数额巨大"的数额起点，按照贪污罪相对应的数额标准规定的二倍即 6 万元、五倍即 100 万元执行。即同样是非法占有了 3 万元财物，如果是国家工作人员，则构成贪污罪；但如果不是国家工作人员，则既不构成贪污罪，也不构成职务侵占罪。

（2）贪污罪与挪用公款罪的区别关键在动机。挪用公款罪和贪污罪的主观方面虽然都是故意，但故意的内容不同。挪用公款罪是非法占用公款，目的在于非法取得对公款的使用权。贪污罪是非法占有公共财物，目的在于非法取得公共财物的所有权，即意图永远地非法占有公共财物。如本节案例 3，龚某某在挪用公款后，采取利用承兑汇票套现或找零的手段虚假平账，使所挪用的公款一时难以在单位的财务账目上反映出来，而且在明知没有偿还能力的情况下，将大部分的公款用于个人消费及赌博，且至案发没有归还，应当认定其具有非法侵吞公款的目的，其犯意符合贪污罪的构成要件。

当然，贪污罪与挪用公款罪的立案标准和量刑标准也是有差别的。挪用公款归个人使用的立案标准和量刑标准视进行非法活动还是进行营利活动而有所区别。相对于挪用公款归个人使用进行营利活动，贪污罪的立案标准相对较低。具体可对比本章第一、第二节。

三、防范要点

国家工作人员在职务活动中违背职责为自己谋取私利的行为，其实质是对国家权力和公职权力的滥用和亵渎。供电企业关键岗位贪污风险防范要点有：

（一）完善权力界限，有效约束供电企业重点岗位人员的权力

供电企业要针对容易产生腐败导致贪污犯罪的重点领域如领导岗位、抄表收费、用电检查、物资采购等关键岗位，加快推进工作体制、机制的创新，健全依法行使权力的约束机制，在不影响单位效能建设的前提下，避免某些部门或个人权力过分集中、权限过大的现象，不断铲除贪污犯罪滋生蔓延的土壤。

（二）健全管理制度，有效堵塞贪污漏洞

供电企业的账务制度较为严密，能够接触到现金从而贪污的危险点也不多，但还是发生了如本节案例 1、案例 2 这种极为少见的故意犯罪情况。现在供电企业通过规定代为报账后的资金要直接打到报销人账号，或者直接走"国网商旅"系统报销等，有效地杜绝了这种情况的发生。单位财会制度和工作流程的不断健全，可以有效地控制风险。

（三）加强法制和廉洁教育，筑牢思想防线

从前文案例看，涉案人员的犯罪手段并不高明，犯罪的隐蔽性也不强，科技含量也不高，但还是铤而走险。涉案人员表现出较低的职业操守水平，在金钱面前即使具有多年党龄的人员人生观价值观也出现了严重扭曲的丑恶现象。作为企业一方，在廉政教育上还是应当警钟长鸣，不断加强法制和廉政教育，使每个工作人员主观上不想去犯罪。

（四）强化廉洁从业风险防控，加强源头治理

供电企业要坚持标本兼治，加强源头防治，突出问题导向，强化岗位风险防范，加强廉洁从业风险防控机制建设，抓好容易滋生腐败问题的重点领域、重要岗位、关键环节风险防控管理，科学设置风险防控等级，做到权力运行实时记录、全程留痕、倒查有据，从源头预防不廉洁行为的发生，确保领导干部和关键岗位清正廉洁、依法履职。

第二节　资金经手岗位的挪用公款罪风险

一、参考案例

案例 1：收费员将电费存入私人账户超过 3 个月未归还，构成挪用公款罪

案号：（2019）黑 2704 刑初 4 号

被告人杨某某系某供电营业厅收费员。2013 年 6 月至 2014 年 1 月，被告人将收取的 70000 余元电费存放在其工商银行个人账户内，没有上缴到供电公司的电费账户。2013 年 11 月 26 日杨某开始陆续将存放在该账户内的公款取出，为其支付检查身体及其他相关的费用。后经单位内部对账发现问题后，杨某于 2017 年 12 月 24 日、2018 年 1 月 13 日分两次将挪用的公款 70000 元及差款共计人民币 84147 元返还给公司，存入供电公司客户服务中心某分中心指定的账户内。

法院认为，被告人杨某某在任供电营业厅收费员期间，身为国家工作人员利用职务上的便利，挪用公款 70000 元归个人使用，数额较大，超过 3 个月未还，其行为构成了挪用公款罪。判决被告人杨某某犯挪用公款罪，免予刑事处罚。

案例 2：经过集体决策借款给个人使用，不构成挪用公款罪

案号：（2014）张中刑终字第 70 号

被告人张某系其国有公司经理。2012 年初，某房产公司总经理王某丙找到张某，提出让其购买其开发的楼房，并承诺以内部职工优惠价销售。2012 年 8 月 22 日，张某将公司领导班子成员魏某、白某、张某乙、张某丙、周某、何某甲等人召集在一起开会，提议公司领导每人在王某丙开发的小区买一套个人住房，先从公司财务中给每人借支 15 万元，用于缴房子首付房款，借款以后陆续从各自发的年薪中扣除，与会人员均同意张的提议。2012 年 8 月 24 日，张某乙、张某丙、周某、何某甲、崔某、张某等人分别以个人名义出具借条，经张某签批后，每人从该公司借支 15 万元，共计 90 万元，支付各自的首付房款，案发时被告人张某有 51500 元未归还，六人共有 475231.39 元超过三个月未归还。

法院认为,被告人借用公款经过其公司领导班子集体讨论研究决定,借款时被告人出具了借据,并由公司主管领导签字审批,借款在公司财务挂账,借款手续完备,属公司与企业员工个人之间正常的借款行为。根据 2003 年 11 月 13 日最高人民法院印发的《全国法院审理经济犯罪案件工作座谈会纪要》精神,被告人张某的行为不构成挪用公款罪。

二、挪用公款罪概述

(一)法律规定

《刑法》

第三百八十四条　【挪用公款罪】国家工作人员利用职务上的便利,挪用公款归个人使用,进行非法活动的,或者挪用公款数额较大、进行营利活动的,或者挪用公款数额较大、超过三个月未还的,是挪用公款罪,处五年以下有期徒刑或者拘役;情节严重的,处五年以上有期徒刑。挪用公款数额巨大不退还的,处十年以上有期徒刑或者无期徒刑。

挪用用于救灾、抢险、防汛、优抚、扶贫、移民、救济款物归个人使用的,从重处罚。

(二)立案标准

根据最高人民法院、最高人民检察院《关于办理贪污贿赂刑事案件适用法律若干问题的解释》(2016 年 4 月 18 日起施行)第五条,挪用公款归个人使用,进行非法活动,数额在三万元以上的,应当依照《刑法》第三百八十四条的规定以挪用公款罪追究刑事责任;数额在三百万元以上的,应当认定为《刑法》第三百八十四条第一款规定的"数额巨大"。具有下列情形之一的,应当认定为《刑法》第三百八十四条第一款规定的"情节严重":

(一)挪用公款数额在一百万元以上的;

(二)挪用救灾、抢险、防汛、优抚、扶贫、移民、救济特定款物,数额在五十万元以上不满一百万元的;

(三)挪用公款不退还,数额在五十万元以上不满一百万元的;

(四)其他严重的情节。

第六条　挪用公款归个人使用,进行营利活动或者超过三个月未还,数额在五万元以上的,应当认定为《刑法》第三百八十四条第一款规定的"数额较大";数额在五百万元以上的,应当认定为《刑法》第三百八十四条第一款规定的"数额巨大"。具有下列情形之一的,应当认定为《刑法》第三百八十四条第一款规定的"情节严重":

（一）挪用公款数额在二百万元以上的;

（二）挪用救灾、抢险、防汛、优抚、扶贫、移民、救济特定款物,数额在一百万元以上不满二百万元的;

（三）挪用公款不退还,数额在一百万元以上不满二百万元的;

（四）其他严重的情节。

可见,挪用公款归个人使用,"进行非法活动"的立案标准和量刑标准严于"进行营利活动"。

（三）犯罪构成

1. 主体

挪用公款罪的主体是国家工作人员,即国家机关中从事公务的国家工作人员;在国有公司、企事业单位和人民团体中从事公务的人员;受国有单位委派到非国有单位中从事公务的人员;其他依照法律从事公务的人员。

2. 主观方面

挪用公款罪在主观方面是直接故意,行为人明知是公款而故意挪作他用,犯罪目的是非法取得公款的使用权。主观特征是暂时非法取得公款的使用权,打算以后予以归还。如果自始不打算归还,则构成贪污罪。

3. 客体

挪用公款罪侵犯的直接客体是公款的使用权。

4. 客观方面

挪用公款罪的客观方面表现为三种情况:一是挪用公款归个人使用进行非法活动。这里所说的非法活动是指挪用公款供个人或他人进行走私、赌博等违法犯罪活动。二是挪用公款归个人进行营利活动,并且数额较大的。对于此种挪用公款数额较大的公款归个人进行营利活动的,法律既没有要求挪用公款要达到多长时间,也不要求行为人营利的目的要真正达到。三是挪用公款归个人用于上述非法活动、营利活动以外的用途,并且数额较大,超过三个月未还的。

（四）特别提示

关于集体决策行为的认定。《全国法院审理经济犯罪案件工作座谈会纪要》（法〔2003〕167 号）第四条第一款规定："经单位领导集体决定将公款给个人使用，或者单位负责人为了单位的利益，决定将公款给个人使用的，不以挪用公款罪定罪处罚。上述行为致使单位遭受重大损失，构成其他犯罪的，依照《刑法》的有关规定对责任人员定罪处罚。"相关事由详见案例 2。

三、防范要点

挪用公款罪是贪污贿赂犯罪的一种，社会危害较大。如何防范挪用公款案件的发生，保护国有企业财产安全，已成为国家和社会关注的焦点之一。挪用公款发生的前提条件是企业的内控制度存在漏洞，存在可钻的空子，使权力监督存在真空。会计是监督、制约涉权、涉钱岗位正确行使职权的重要环节。本节侧重于讨论内部监督。

（一）坚持财务管理原则，落实会计监督

挪用公款牵涉到资金运动,资金运动离不开财务人员的参与和监督。但挪用公款的犯罪往往能逾越内部会计控制和监督，最主要的原因是会计缺少对权力进行监督的条件和环境。供电企业要按照现有的财务管理制度，执行好凭证审核制度、经常性核对制度、建立预先连续编号制度、遵循公认的会计原则，保证会计信息的真实性、准确性、及时性和可靠性。

（二）坚持领导审批制度、定期对账制度和账目公开制度

挪用公款犯罪即使行为再隐蔽、手法再专业，也必然经过资金运作，从而留有蛛丝马迹。因此必须加强对资金运作流程的监控。健全的内部会计控制制度能有效地预防和发现错误和舞弊行为的发生，并及时纠正收款不入账、支出款项不记账、销毁支票存根等行为。执行好会计委派制，也可有效分散一些管理者的权力，降低刑事风险。

（三）认真落实审计制度

财务审计分为外部审计和内部审计。近年来，供电企业通过专业专项审计、一把手离任审计等内部审计，有效地堵塞漏洞，防范风险。要充分发挥好内部和外部审计机构的作用，尤其要加强内部审计机构人员的独立性，及时审核单位财务账目，预防和制止职务犯罪的滋生和蔓延。

第三节 关键岗位人员的受贿罪风险

一、参考案例

案例 1： 天津港火灾爆炸事故共 25 名国家机关工作人员受刑，其中 8 人同时犯受贿罪

案号： （2016）津 0110 刑初 420 号、（2016）津 0110 刑初 421 号等

2015 年 8 月 12 日 22 时 52 分许，位于天津市滨海新区天津港的天津东疆保税港区瑞海国际物流有限公司危险品仓库发生火灾爆炸事故，造成 165 人遇难、8 人失踪，798 人受伤住院治疗，304 幢建筑物、12428 辆商品汽车、7533 个集装箱受损。截至 2015 年 12 月 10 日，事故造成直接经济损失人民币 68.66 亿元。

法院根据各被告人犯罪的事实、性质、情节和造成的社会危害后果以及在共同犯罪中的地位、作用，依法作出一审判决。瑞海公司董事长构成非法储存危险物质罪、非法经营罪、危险物品肇事罪、行贿罪，予以数罪并罚，依法判处死刑缓期二年执行，并处罚金人民币 70 万元。瑞海公司副董事长、总经理等 5 人构成非法储存危险物质罪、非法经营罪、危险物品肇事罪，分别被判处无期徒刑到十五年有期徒刑不等的刑罚。瑞海公司其他 7 名直接责任人员分别被判处十年到三年有期徒刑不等的刑罚。中滨安评公司犯提供虚假证明文件罪，依法判处罚金 25 万元，中滨安评公司董事长、总经理等 11 名直接责任人员分别被判处四年到一年六个月不等的有期徒刑。时任天津市交通运输委员会主任等 25 名国家机关工作人员分别被以玩忽职守罪或滥用职权罪判处三年到七年不等的有期徒刑，其中 8 人同时犯受贿罪，予以数罪并罚。

案例 2： 供电公司客户经理介绍工程受贿，自动投案从轻判决

案号： （2014）昆刑一终字第 71 号

被告人张某原系供电公司工作人员。2011 年至 2013 年期间，被告人张某利用在供电公司担任客户工程经理的职务便利，介绍工程给电力施工单位包工头杨某等人，以及帮助杨某设计电力图纸等，非法收受他人现金 20.7 万元。一审以受贿罪判处被告人张某有期徒刑十年，并处没

收财产人民币 100000 元。

二审法院认为，张某犯罪的线索虽已被侦查机关掌握，但张某在尚未受到调查谈话、讯问、亦未被宣布采取调查措施或强制措施时，自行前往侦查机关接受调查，根据最高人民法院、最高人民检察院《关于办理职务犯罪案件认定自首、立功等量刑情节若干问题的意见》的规定，属自动投案并如实供述犯罪事实，具有自首情节，依法可以从轻或减轻处罚。张某积极退赔全部赃款，依法可以酌定从轻处罚。二审改判张某犯受贿罪，判处有期徒刑五年，并处没收财产人民币 100000 元。

案例 3： 电力公司运检处长在招投标、产品推广等事宜上收受钱款后提供帮助构成受贿罪

案号：（2018）辽 0604 刑初 13 号

被告人王某原系电力公司生产技术部变电处副处长。2011 年 6 月至 2015 年中，被告人王某在担任电力公司生产技术部变电处副处长、运维检修部运行管理处副处长等职务期间，利用职务上的便利，分别接受某电力技术有限公司等四家公司的请托，在项目招投标、产品推广等事宜上为对方提供帮助，为他人职务提拔提供帮助，非法收受四家公司及个人给予的钱款共计 110 万元。案发后，被告人王某如实供述自己的犯罪事实，并退缴赃款人民币 110 万元。法院判决被告人王某犯受贿罪，判处有期徒刑四年，并处罚金人民币 20 万元。

案例 4： 电力股份公司财务资产部副主任利用资金结算的职务便利收受承包商贿赂

案号：（2018）黔 2325 刑初 2 号

被告人陈某原系某电力股份有限公司财务资产部副主任。2010 年 8 月至 2013 年 12 月，被告人陈某在担任公司计划财务部主任、发电厂副厂长等职务期间，利用职务便利，接受他人请托，在工程建设、项目管理、工程款结算等方面为相关个人谋取利益，分别收受个体建筑承包商周某（另案处理）贿赂 50 万元、收受个体建筑承包商赵某甲（另案处理）贿赂人民币 3 万元等的财务，合计 60.5 万元。判决被告人陈某犯受贿罪，判处有期徒刑二年零八个月，并处罚金人民币 30 万元。

案例 5： 集体企业设计人员非法收受他人财物构成非国家工作人员受贿罪

案号：（2018）渝 04 刑终 19 号

被告人吕某原系某意商贸中心设计室副主任。该商贸中心系 2010 年 11 月 19 日由某供电公司工会出资 30 万元成立的集体经济体。渝某公司的前身是职工持股企业，之后被某意商贸中心收购。吕某在渝某公司任设计室副主任期间，经供电公司运维检修部副主任甘某提议，并伙同某能公司副总经理马某，三人利用各自的职权，违规将渝某公司发包的项目冒名承揽到手，然后将工程交予叶某实施，四人平分利润 30 万元。此外，吕某在渝某公司工作期间，利用职务便利，为他人谋取利益，非法收受他人财物 6.4 万元。一审法院判决吕某犯受贿罪，判处有期徒刑三年一个月，并处罚金 20 万元。

二审法院认为，渝某公司的前身是职工持股企业，之后被集体企业某意商贸中心收购，该公司并无国家资本，不属于国家出资企业，吕某在渝某公司所任设计工作不是与职权相联系的公共事务以及监督、管理国有财产的职务活动，即不是从事公务，因此，吕某不符合受委派从事公务的条件，其在渝某公司的任职不属于国家工作人员。但是吕某伙同马某及国家工作人员甘某，利用职务便利，为他人谋取利益，非法收受他人财物 30 万元，其行为构成受贿罪。吕某个人利用职务便利非法收受他人财物 6.4 万元，其行为构成非国家工作人员受贿罪。二审改判吕某犯受贿罪，判处有期徒刑二年，并处罚金 10 万元；犯非国家工作人员受贿罪，判处拘役五个月，决定执行有期徒刑二年，并处罚金 10 万元。

案例 6：约定受贿而尚未收取属受贿未遂，可比照受贿既遂从轻处罚

案号：（2019）闽 02 刑终 47 号

2004 年至 2015 年间，被告人谢某在某集团公司工作期间，利用职务便利为吴某、康某、陈某等人在工程中标、进度款拨付等方面提供帮助。其中，2010 年至 2015 年间，被告人谢某利用担任某地产有限公司副总经理、某地产有限公司副总经理、总经理及某地产有限公司总经理，负责某工程项目开发建设职务之便，帮助康某以多家公司的名义承接上述项目，在工程项目后续施工、竣工验收、款项拨付等事项中提供帮助，约定收受康某送予的钱款共计 10412193.72 元，其中已经收受现金 2100000 元，尚未收受 8312193.72 元。2011 年间，被告人谢某利用负责工程项目职务之便，接受陈某的请托，帮助其和康某等人以其他公司

的名义承接桩基、主体工程项目，约定收受陈某送予2583844.95元好处费，迄今未收受。

原判认为，被告人谢某身为国有公司中从事公务的人员，利用职务上的便利，为他人谋取利益，非法收受他人钱款，其中已收取2100000元，未收取10896038.67元，属数额特别巨大，其行为已构成受贿罪。被告人谢某已经着手实施受贿犯罪，其中尚未取得的受贿款10896038.67元因意志以外的原因未能得逞，系犯罪未遂，该部分犯罪依法可以比照既遂犯从轻处罚。一审判处被告人谢某犯受贿罪，判处有期徒刑十一年，并处罚金人民币50万元；与其他罪行数罪并罚。追缴行贿人康某尚未支付的行贿款人民币8312193.72元；追缴行贿人陈某尚未支付的行贿款人民币2583844.95元。

谢某上诉。二审鉴于上诉人谢某的认罪态度和通过家属代为缴纳受贿罚金50万元等情节，决定对其所犯受贿罪再予从轻处罚。受贿罪部分改判上诉人谢某有期徒刑十年，并处罚金人民币50万元。

案例7：供电公司采集班长帮助他人窃电收受贿赂

案号：（2018）渝0241刑初163号

被告人杨某系某供电公司职工，2012年6月以来在该公司营销部工作，历任采集、检测运维班班长，履行电能计算装置检验检测、配合反窃电、营业普查等工作职责。杨某在履职期间，利用职务之便，多次放任或帮助他人窃电，非法收受他人财物35万余元，不正确履行职责，造成国有财产损失20余万元。法院判决被告人杨某犯受贿罪，判处有期徒刑三年六个月，并处罚金20万元，与其他罪行数罪并罚。

二、受贿罪概述

（一）法律规定

《刑法》

第三百八十三条　【贪污罪的处罚规定】对犯贪污罪的，根据情节轻重，分别依照下列规定处罚：

（一）贪污数额较大或者有其他较重情节的，处三年以下有期徒刑或者拘役，并处罚金。

（二）贪污数额巨大或者有其他严重情节的，处三年以上十年以下有期徒刑，并处罚金或者没收财产。

（三）贪污数额特别巨大或者有其他特别严重情节的，处十年以上有期徒刑或者无期徒刑，并处罚金或者没收财产；数额特别巨大，并使国家和人民利益遭受特别重大损失的，处无期徒刑或者死刑，并处没收财产。

对多次贪污未经处理的，按照累计贪污数额处罚。

犯第一款罪，在提起公诉前如实供述自己罪行、真诚悔罪、积极退赃，避免、减少损害结果的发生，有第一项规定情形的，可以从轻、减轻或者免除处罚；有第二项、第三项规定情形的，可以从轻处罚。

犯第一款罪，有第三项规定情形被判处死刑缓期执行的，人民法院根据犯罪情节等情况可以同时决定在其死刑缓期执行二年期满依法减为无期徒刑后，终身监禁，不得减刑、假释。

第三百八十五条 【受贿罪】国家工作人员利用职务上的便利，索取他人财物的，或者非法收受他人财物，为他人谋取利益的，是受贿罪。

国家工作人员在经济往来中，违反国家规定，收受各种名义的回扣、手续费，归个人所有的，以受贿论处。

第三百八十六条 【受贿罪的处罚规定】对犯受贿罪的，根据受贿所得数额及情节，依照本法第三百八十三条的规定处罚。索贿的从重处罚。

前款所列单位，在经济往来中，在账外暗中收受各种名义的回扣、手续费的，以受贿论，依照前款的规定处罚。

第三百八十八条 【受贿罪】国家工作人员利用本人职权或者地位形成的便利条件，通过其他国家工作人员职务上的行为，为请托人谋取不正当利益，索取请托人财物或者收受请托人财物的，以受贿论处。

（二）立案标准

1997年《刑法》确定的贪污罪、受贿罪起刑点为5000元。《刑法修正案（九）》取消了贪污罪、受贿罪的定罪量刑的数额标准，代之以"数额较大""数额巨大""数额特别巨大"，以及"较重情节""严重情节""特别严重情节"。2016年4月18日起施行的最高人民法院、最高人民检察院《关于办理贪污贿赂刑事案件适用法律若干问题的解释》，贪污罪、受贿罪起刑点由5000元调整为三万元，规定：

受贿数额在三万元以上不满二十万元为"数额较大"，应依法判处三年以下有期徒刑或者拘役，并处罚金；

受贿数额在二十万元以上不满三百万元的为"数额巨大"，依法判处三年以上十年以下有期徒刑，并处罚金或者没收财产；

受贿数额在三百万元以上为"数额特别巨大"，依法判处十年以上有期徒刑、无期徒刑或者死刑，并处罚金或者没收财产。

如果多次索贿的；为他人谋取不正当利益，致使公共财产、国家和人民利益遭受损失的；为他人谋取职务提拔、调整的，认定为"其他较重情节"，降低起刑点，即有上述"其他较重情节"的，受贿数额在一万元以上不满三万元，依法判处三年以下有期徒刑或者拘役，并处罚金；受贿数额在十万元以上不满二十万元，依法判处三年以上十年以下有期徒刑，并处罚金或者没收财产；受贿数额在一百五十万元以上不满三百万元，依法判处十年以上有期徒刑、无期徒刑或者死刑，并处罚金或者没收财产。

（三）犯罪构成

1. 主体

受贿罪的主体是国家工作人员，即国家机关中从事公务的国家工作人员；在国有公司、企事业单位和人民团体中从事公务的人员；受国有单位委派到非国有单位中从事公务的人员；其他依照法律从事公务的人员。

2. 主观方面

受贿罪在主观方面是由故意构成，只有行为人是出于故意所实施的受贿犯罪行为才构成受贿罪，过失行为不构成本罪。如果国家工作人员为他人谋利益，而无受贿意图，不能以受贿论处。

3. 客体

受贿罪的犯罪对象是财物。根据最高人民法院、最高人民检察院《关于办理贪污贿赂刑事案件适用法律若干问题的解释》（法释〔2016〕9号）第十二条，贿赂犯罪中的"财物"，包括货币、物品和财产性利益。财产性利益包括可以折算为货币的物质利益如房屋装修、债务免除等，以及需要支付货币的其他利益如会员服务、旅游等。犯罪数额，以实际支付或者应当支付的数额计算。

本罪侵犯的客体是复杂客体。主要客体是国家机关、国有公司、企事业单位、人民团体的正常管理活动；次要客体是国家工作人员职务行为的廉洁性。

4. 客观方面

受贿罪在客观方面表现为行为人具有利用职务上的便利，向他人索取财物，或者收受他人财物并为他人谋取利益的行为。

利用职务便利主要有两种情况：一是利用职务上的便利。如前文案例中客户经理利用制订供电方案的便利、总会计师利用掌管资金拨付的便利等，满足行贿人的愿望收受财物。二是利用与职务有关的便利条件。利用与职务有关的便利，即不是直接利用职权，而是利用本人的职权或地位形成的便利条件，而本人从中向请托人索取或非法收受财物的行为。利用与职务有关的便利条件，一般发生在职务上存在制约或者相互影响关系的场合。

受贿罪的客观行为主要有两种形式：一是索贿。是受贿人以公开或暗示的方法，主动向行贿人索取贿赂，有的甚至是公然以要挟的方式，迫使当事人行贿。索贿主观恶性更严重，情节更恶劣，社会危害性相对于收受贿赂更为严重。因此，《刑法》明确规定，索贿的从重处罚。因被勒索给予国家工作人员以财物，没有获得不正当利益的，不是行贿。索取他人财物的不论是否为他人谋取利益，均可构成受贿罪。二是受贿。收受贿赂，一般是行贿人以各种方式主动进行收买腐蚀，受贿人一般是被动接受他人财物或者是接受他人允诺给予财物，而为行贿人谋取利益。

（四）相关界限

（1）受贿未遂的处罚。如本节案例 6，对未收到的款项部分，因为谢某已着手为康某等人谋取了利益，法院认定为犯罪未遂。根据《刑法》第二十三条，已经着手实行犯罪，由于犯罪分子意志以外的原因而未得逞的，是犯罪未遂。对于未遂犯，可以比照既遂犯从轻或者减轻处罚。

（2）受贿罪与非国家工作人员受贿罪的主要区别是主体要件不同。如本节案例 5，集体企业设计人员吕某单独收受他人财物构成非国家工作人员受贿罪，而与供电公司运维检修部副主任甘某合谋收受他人财物则构成受贿罪。

受贿罪与非国家工作人员受贿罪的区别，除了主体不同外，立案标准和量刑也不同。

一是非国家工作人员受贿罪的立案标准高于受贿罪。根据最高人民法院 最高人民检察院《关于办理贪污贿赂刑事案件适用法律若干问题的解释》（法释〔2016〕9 号）第十一条，《刑法》第一百六十三条规定的非国家工作人员受贿罪、第二百七十一条规定的职务侵占罪中的"数额较大""数额巨大"的数额起点，按照本解释关于受贿罪、贪污罪相对应的数额标准规定的二倍即 6 万元、五倍即 100 万元执行。

二是非国家工作人员受贿罪的量刑标准不同于受贿罪。因为非国家工作人员受贿罪的起刑点是受贿因此的二倍，所以在量刑方面也有区别。根据《刑法修正案（六）》，公司、企业或者其他单位的工作人员利用职务上的便利，索取他人财物或者非法收受他人财物，为他人谋取利益，数额较大的，处五年以下有期徒刑或者拘役；数额巨大的，处五年以上有期徒刑，可以并处没收财产。可见，非国家工作人员受贿罪的最高刑是十五年有期徒刑，而国家工作人员受贿罪的最高刑是死刑。

三、防范要点

受贿罪严重影响国家机关的正常职能履行，损害国家机关的形象、声誉，应予严惩。供电企业防范受贿职务犯罪风险，应加强以下防控：

（一）严格落实"三会一课"制度，筑牢思想防线

国有供电企业工作人员特别是党员领导干部，肩负着电力安全稳定供应、能源安全、国有资产保值增值等重要使命，都应树立正确的权力观、政绩观、利益观。任何贪污腐败行为都从放松思想警惕开始，供电企业应严格执行"三会一课"制度，党员领导干部时刻牢记党员第一身份，积极参加双重组织生活会，无论职务高低，都要以严肃认真的态度、普通党员身份带头参加所在党支部的组织生活会和民主生活会及民主评议党员，带头上廉政专题党课、开展廉政谈话、深化对党风廉政建设重要性、必要性、紧迫性的认识，增强做好党风廉政建设和反腐败工作的责任感和使命感，夯实反腐倡廉思想基础，筑牢拒腐防变道德防线，努力营造风清气正的良好政治生态。

（二）全面贯彻"三重一大"制度，完善决策程序

"三重一大"决策制度是保证企业管理者依法行使决策权，推进国有企业重大决策规范化、科学化、民主化的重要制度之一。各级供电企业

均应在上一级"三重一大"制度的基础上，结合本单位实际，明确重大决策、重要人事任免、重大项目安排、大额度资金运作的具体内容、决策程序等事项，不断完善本单位"三重一大"决策机制。主要领导要带头落实"三重一大"制度，严格执行主要领导不直接分管人事、财务、物资采购和工程招标和末位表态等制度，凡属"三重一大"都必须经过集体讨论决定，讨论重大事项充分听取班子成员的意见建议，不搞"一言堂"，充分发挥集体智慧，推进民主决策、科学决策。纪检监察机关和履行出资人职责的机构应加强国有企业贯彻落实"三重一大"决策制度的监督检查和协调督办，及时发现和制止"三重一大"决策中违反法律、行政法规和规章制度的行为。国有企业还应把贯彻落实"三重一大"决策制度情况作为向职代会报告和领导人员述职述廉的重要内容，纳入领导班子民主生活会、厂务公开内容，作为民主评议国有企业领导人员的重要依据，接受广大党员职工的监督，让权力运行在阳光下。

（三）严肃执行领导干部家事、家产申报制度

领导干部的家事、家产情况与领导干部权力行为关联紧密。国有企业党员领导干部要切实增强纪律意识、规矩意识和组织观念，严格按照《领导干部报告个人有关事项规定》和本企业的要求，如实报告情况本人婚姻和配偶、子女移居国（境）外、从业和收入、房产、投资等事项，切实做到忠诚老实，自觉接受组织监督。领导人员在履行个人收入申报、重大事项报告时，无正当理由不按时报告、不如实报告或隐瞒不报的，应根据情节轻重，给予批评教育、限期改正、责令作出检查、诚勉谈话、通报批评或者调离岗位、免职等处理；构成违纪的，依照有关规定给予纪律处分。凡不如实填报或隐瞒不报的，不应列入提拔任用、后备人员名单。

（四）用好干部廉政档案

廉政档案是反映干部廉洁自律状况的重要载体，反映了党员领导干部对勤政廉洁、履行党风廉政建设主体责任及执行婚丧喜庆事宜办理、"八小时以外"监督等制度规定的执行情况，是推荐、提拔、任用领导人员的重要书面依据和档案材料之一，在干部管理和奖惩中发挥着日益重要的作用。凡领导人员的考察、任用、调动、组织处理、案件调查等情况，均应查阅领导人员廉洁档案。

第四节　关系密切人员的利用影响力受贿罪风险

一、参考案例

案例 1：供电局局长之弟为工程承包商谋取不正当利益收受贿赂，构成利用影响力受贿罪

案号：（2017）黔 2301 刑初 315 号

被告人殷某利用其兄殷某甲担任某供电局局长（2008 年 12 月 23 日至 2011 年 9 月 26 日）职权及地位形成的便利条件，通过供电局招投标中心原主任曹某、供电局原副局长陈某等国家工作人员职务上的行为，为工程承包商章某（另案处理）谋取不正当利益，收受章某贿赂款人民币 200 万元。法院判决被告人殷某犯利用影响力受贿罪，判处有期徒刑五年零六个月，并处罚金人民币 40 万元。

案例 2：关系密切人员受请为他人承揽电力项目收受好处费，构成利用影响力受贿罪

案号：（2018）内 71 刑终 4 号

2010 年至 2014 年间，陈某先后任某电力有限公司发展策划部副主任、主任、总经理助理兼某供电公司总经理职务；徐某先后任该公司发策部下属规划处副处长、处长等职务，受陈某的直接领导。该公司发策部及下属的规划处负责所辖区域电网规划及电源企业、用户接入国家电网项目设计报告的审查，对于入网的电源企业、用户接入具有直接的制约作用。

被告人项某作为陈某及徐某关系密切的人，受金某公司和瑞某公司的请托，通过陈某、徐某的职务行为，或者利用陈某、徐某的职权或地位形成的便利条件，并通过时某、高某、武某等其他国家工作人员的职务行为，使金某公司和瑞某公司承揽了多项电力建设工程。项某违法收受金某公司好处费 240.65 万元，收受瑞某公司好处费 3 万元，合计收受 243.65 万元。一审判处被告人项某有期徒刑五年；二审根据项某动退缴赃等事实，改判有期徒刑四年三个月。

二、利用影响力受贿罪概述

（一）法律规定

《刑法》

第三百八十八条之一 【利用影响力受贿罪】国家工作人员的近亲属或者其他与该国家工作人员关系密切的人，通过该国家工作人员职务上的行为，或者利用该国家工作人员职权或者地位形成的便利条件，通过其他国家工作人员职务上的行为，为请托人谋取不正当利益，索取请托人财物或者收受请托人财物，数额较大或者有其他较重情节的，处三年以下有期徒刑或者拘役，并处罚金；数额巨大或者有其他严重情节的，处三年以上七年以下有期徒刑，并处罚金；数额特别巨大或者有其他特别严重情节的，处七年以上有期徒刑，并处罚金或者没收财产。

离职的国家工作人员或者其近亲属以及其他与其关系密切的人，利用该离职的国家工作人员原职权或者地位形成的便利条件实施前款行为的，依照前款的规定定罪处罚。

2009 年 10 月 16 日，最高人民法院、最高人民检察院公布《关于执行〈中华人民共和国刑法〉确定罪名补充规定（四）》，根据《刑法修正案（七）》的规定，确定了组织、领导传销活动罪，出售、非法提供公民个人信息罪，利用影响力受贿罪等新罪名。

（二）立案标准

最高人民法院、最高人民检察院《关于办理贪污贿赂刑事案件适用法律若干问题的解释》第十条，利用影响力受贿罪的定罪量刑适用标准，参照本解释关于受贿罪的规定执行，即：受贿数额在三万元以上不满二十万元为"数额较大"，应依法判处三年以下有期徒刑或者拘役，并处罚金；受贿数额在二十万元以上不满三百万元的为"数额巨大"，依法判处三年以上十年以下有期徒刑，并处罚金或者没收财产；受贿数额在三百万元以上为"数额特别巨大"，依法判处十年以上有期徒刑、无期徒刑或者死刑，并处罚金或者没收财产。

（三）犯罪构成

1. 主体

利用影响力受贿罪的主体是国家工作人员的近亲属或者其他与该国

家工作人员关系密切的人，以及离职的国家工作人员或者其近亲属、其他与其关系密切的人。

刑事上的近亲属包括夫、妻、父、母、子、女、同胞兄弟姐妹。其他关系密切的人，根据《关于办理受贿刑事案件适用法律基本问题的意见》第十一条规定，"特定关系人"是指与国家工作人员有近亲属、情妇（夫）以及其他共同利益关系的人。

2．主观方面

利用影响力受贿罪的主观方面应当是直接故意，表现为该行为人认识到自己是某国家工作人员的关系密切人，与该国家工作人员有着特殊的关系，足以让第三人相信其能够利用该国家工作人员的职务行为或该国家工作人员职权或地位形成的便利条件，通过其他国家工作人员职务上的行为谋取不正当利益，并且希望请托人能够给付财物或主动向请托人索贿。

3．客体

利用影响力受贿罪与国家工作人员有着特殊关系，实质上是变相或间接利用国家工作人员的职务便利，侵犯国家机关的正常管理活动。

4．客观方面

利用影响力受贿罪中的"影响力"，是基于行为人与国家工作人员之间的亲缘关系、情感关系、利益关系等而衍生的与他人之间的利益关系。

（四）相关界限

（1）利用影响力受贿罪与诈骗罪的区别。诈骗罪是"虚构事实、隐瞒真相"从而诈骗公私财物，且数额较大的行为。而利用影响力受贿罪需要证明嫌疑人与国家工作人员之间的"密切关系"，嫌疑人通过这层关系收受请托人财物。利用影响力受贿罪的请托人是贿赂犯罪的行贿人，需要承担相应的刑事责任。而诈骗案的对象则是被害人。

（2）利用影响力受贿罪与受贿罪的区别。利用影响力受贿罪与受贿罪中的斡旋形态存在相似之处。两罪的主要区别：主体不同，利用影响力受贿罪的主体是国家工作人员的关系密切人、离职的国家工作人员及其关系密切人，而斡旋受贿形态的主体直接为国家工作人员自己；客观方面不同，利用影响力受贿罪中行为人先是利用与其关系密切的国家工作人员的职权或地位形成的便利条件，再通过其他国家工作人员职务上的行为去受贿，而斡旋受贿形态中是国家工作人员直接利用自己的职权或地位形成的便利条件,再通过其他国家工作人员职务上的行为去受贿。

三、防范要点

人是社会关系的总和,每个人都有自己的亲属圈、朋友圈、同事圈。领导干部自然也是,也有自己的亲朋好友。手中有权,上门找办事的人自然就多。斩断"关系网",堵住"走后门",才能让干部清清白白干事,平平安安生活。

(一)落实好领导干部异地任职和岗位交流

同一岗位任职太久易被"朋友圈"腐蚀。一地任职时间过长,容易使这些领导干部陷入朋友圈、亲情圈之中,从而容易成为权钱交易的牺牲品。有的领导干部尽管不是长期在同一岗位上工作,但升迁、调整仍在同一地区,如果没能在更大范围内进行交流,仍然难以摆脱亲情圈、朋友圈、权力圈的包围和金钱的腐蚀。"关系网、人情网"等影响领导干部工作的正常开展,而交换到一个新地方任职,可以斩断裙带关系放开手脚干工作。作为干部交流制度的一项重要内容,干部异地交流在成本高昂、脱离群众等方面备受争议,但是在防止公共权力异化为家族私权方面发挥了重要的作用。

(二)执行好关键岗位人员的任职回避制度

供电企业的任职回避制度主要有,在各级供电企业机关本部及所属单位任职的关键岗位人员,凡有夫妻关系、直系血亲关系和三代以内旁系血亲关系的,不得担任双方直接隶属于同一领导人领导的关键岗位职务或者有上下级领导关系的关键岗位职务。如遇有这一情况时,应采取组织手段进行调整。任职回避制度也能较好地规范领导干部和关键岗位的社会交流圈子。

第五节　集体企业的单位行贿罪风险

一、参考案例

案例 1:市政工程中标单位向国家工作人员多次赠送现金构成单位行贿罪

案号：（2018）闽 0104 刑初 379 号

被告人郑某系某公司实际控制人。2012 年，该公司实际控制人被告人郑某经人介绍，认识时任某防洪公司董事葛某（另案处理）。2013 年初葛某将某防洪工程泵站永久性供电工程项目的招投标信息提前告诉被告人郑某，期间葛某还交代具体负责招标工作的招标代理有限公司，将有利于郑某所在的公司所挂靠公司的条件作为加分项设置进相关招标文件。同年 7 月，郑某所在的公司所挂靠公司顺利中标。为了表示感谢，2014 年至 2018 年间，郑某所在的公司通过被告人郑某先后四次向葛某贿送了现金共计 130 万元人民币。法院认为，被告单位郑某所在公司为谋取不正当利益，向国家工作人员多次贿送现金共计 130 万元人民币，情节严重，其行为已构成单位行贿罪；被告人郑某作为被告单位实际控制人，又是直接负责的主管人员，其行为亦构成单位行贿罪。判决被告单位某公司犯单位行贿罪，判处罚金 30 万元人民币；被告人郑某犯单位行贿罪，判处有期徒刑二年六个月，缓刑三年，并处罚金 15 万元人民币。

案例 2：电力安装公司给供电所"好处费"构成单位行贿罪

案号：（2017）粤 06 刑终 955 号

被告人谢某原系某供电所所长，陈某原系该供电所营销部经理，张某原系该供电所基建物资部经理，霍某原系某电力安装分公司总经理、2013 年从供电所退休，梁某系电力安装工程有限公司某分公司总经理助理。

电力工程有限公司由原供电公司下属多经企业汇某公司分设。被告人霍某自 2006 年 10 月至 2009 年 11 月任汇某分公司总经理，自 2008 年 5 月至 2010 年 2 月同时任电力安装工程有限公司某分公司总经理，同期被告人梁某担任总经理助理。霍某伙同梁某代表所在公司送给谢某好处费人民币 310 万元。法院判决被告人霍某犯单位行贿罪，判处有期徒刑二年；被告人梁某犯单位行贿罪，判处有期徒刑二年。

案例 3：热电厂向交易中心处长行贿构成单位行贿罪

案号：（2017）吉 0112 刑初 174 号

被告人赵某系某热电公司原总经理、党组书记，被告人陈某系该热电公司原常务副经理。被告单位热电公司、被告人赵某、陈某自 2009 年至 2013 年间，为被告单位谋取不正当利益，向某电力有限公司交易中心交易结算处处长张某行贿人民币 90 万元。法院判决被告单位某热电公司犯单位行贿罪，判处罚金人民币 100 万元；被告人赵某犯单位行贿罪，免予刑事处罚；被告人陈某犯单位行贿罪，免予刑事处罚。

二、单位行贿罪概述

（一）法律规定

《刑法》

第三百九十三条 【单位行贿罪】单位为谋取不正当利益而行贿，或者违反国家规定，给予国家工作人员以回扣、手续费，情节严重的，对单位判处罚金，并对其直接负责的主管人员和其他直接责任人员，处五年以下有期徒刑或者拘役，并处罚金。因行贿取得的违法所得归个人所有的，依照本法第三百八十九条、第三百九十条的规定定罪处罚。

（二）立案标准

根据最高人民检察院《关于人民检察院直接受理立案侦查案件立案标准的规定（试行)》，单位行贿罪是指公司、企业、事业单位、机关、团体为谋取不正当利益而行贿，或者违反国家规定，给予国家工作人员以回扣、手续费，情节严重的行为。

涉嫌下列情形之一的，应予立案：

1. 单位行贿数额在 20 万元以上的；

2. 单位为谋取不正当利益而行贿，数额在 10 万元以上不满 20 万元，但具有下列情形之一的：

（1）为谋取非法利益而行贿的；

（2）向 3 人以上行贿的；

（3）向党政领导、司法工作人员、行政执法人员行贿的；

（4）致使国家或者社会利益遭受重大损失的。

因行贿取得的违法所得归个人所有的，依照本规定关于个人行贿的规定立案，追究其刑事责任。

（三）犯罪构成

1. 主体

单位行贿罪的主体是单位。根据《刑法》第三十条，单位指公司、企业、事业单位、机关、团体。根据最高人民法院《关于审理单位犯罪案件具体应用法律有关问题的解释》规定，"公司、企业、事业单位"，既包括国有、集体所有的公司、企业、事业单位，也包括依法设立的合资经营、合作经营企业和具有法人资格的独资、私营等公司、企业、事业单位。

2. 主观方面

单位行贿罪在主观方面表现为直接故意。具有为本单位谋取不正当利益的目的。

3. 客体

单位行贿罪侵犯的客体，主要是国家机关、公司、企业、事业单位和团体的正常管理活动和职能活动及声誉。该罪的犯罪对象是财物。该财物一般是公司、企业、事业单位、机关、团体的财物，而非某个人的财物。

4. 客观方面

单位行贿罪在客观方面表现为公司、企业、事业单位、机关、团体为了谋取不正当利益，给予国家工作人员以财物，数额较大的，或者违反国家规定，给予上述人员以"回扣""手续费"，情节严重的行为，是直接负责的主管人员或直接责任人员根据本单位的意志以单位名义实施的行贿行为。司法实践中常见的单位行贿行为主要有：①经单位研究决定由有关人员实施的行贿行为；②经单位主管人员批准，由有关人员实施的行贿行为；③单位主管人员以法定代表人的身份实施的行贿行为。

（四）相关界限

根据最高人民检察院《关于人民检察院直接受理立案侦查案件立案标准的规定（试行）》，单位行贿行为的违法所得必须归单位所有，如果归个人所有，应以自然人的行贿罪论处。自然人行贿罪的立案数额为 3 万元以上，而单位行贿罪的立案数额为20 万元以上。

根据最高人民法院《关于审理单位犯罪案件具体应用法律有关问题的解释》第 2、3 条规定，个人为进行违法犯罪活动而设立的公司、企业、事业单位实施犯罪的，或者公司、企业、事业单位设立后，以实施犯罪为主要活动的，不以单位犯罪论处；盗用单位名义实施犯罪，违法所得由实施犯罪的个人私分的，依照《刑法》有关自然人犯罪的规定定罪处罚。

三、防范要点

单位行贿容易使权钱交易活动混杂在合法的职务行为中，犯罪危害性较大，影响广泛。预防单位行贿的要点有：

（一）加强普法教育，提高领导决策者的法制观念

根据《刑法》第三百九十三条，对"单位行贿罪"实行"双罚制"，即对单位判处罚金，并对其直接负责的主管人员和其他直接责任人员，处五年以下有期徒刑或者拘役。

单位行贿一般是法定代表人或其他责任人员经企业集体决策授意或允许，为企业的利益实施的行为。单位犯罪在通常情况下，均是由单位领导研究决策后实施的，说明单位犯罪的发生最主要的原因和最主要的因素还是在于单位领导，如果一般的员工未经单位决策以单位的名义实施犯罪行为，事后又不能征得单位的认可，那么这一行为就不能构成单位犯罪，刑事责任也只能由自己承担。因此，提高领导决策者的法制观念尤为重要。

（二）健全财务管理制度，规范单位负责人经营行为

预防和控制企业犯罪的关键是从企业内部管理抓起。要细化企业内部控制，尤其要加强会计的监督审核职能。单位用于行贿的资金严格意义上讲在财务管理上是无法正常列支的。许多单位在实施单位犯罪时，该笔资金往往需要借用其他票据或其他名义替代支出。如果严格按照财务制度管理相关资金，单位行贿罪即无相关来源。防范单位犯罪最有效的途径还是严格执行财务管理体系和制度，建立严格的事前审核、审批及事后审计制度，从源头上让单位犯罪无法实施。

（三）加强社会诚信体系建设

政府要加大建设诚信社会的宣传力度，同时建立诚信系统工程。不仅金融业要建立不良信誉的信贷记录，对于那些涉及犯罪的企业法定代表人、直接责任人及其他相关责任人也要有行业诚信记录，对其以后的行业准入加以限制。同时加强反腐败力度，严惩纵容和庇护单位行贿的直接责任人员，构成犯罪的依法追究刑事责任。

第六节　国家工作人员的巨额财产来源不明罪风险

一、参考案例

案例：国企领导巨额财产不能说明来源获刑二年

案号：（2017）鲁 09 刑终 220 号

被告人臧某原系某管道工程公司总经理兼党委副书记。该管道工程公司系全民所有制企业。检察院在对被告人涉嫌贪污受贿案件侦查过程中，查明被告人臧某的家庭房产、证券、车辆、支出等资产共计2245.133529 万元，其工资奖金、贷款等收入共计 1843.866132 万元。财产及支出明显超出收入，臧某对 401.267397 万元资产差额不能说明来源。一审判决臧某犯巨额财产来源不明罪，判处有期徒刑二年，与其他罪行数罪并罚。二审将某以工程项目理赔奖金名义发放的 5.5 万元认定为受贿数额，故对其巨额财产来源不明罪的犯罪数额予以调整，维持一审关于巨额财产来源不明罪的量刑部分。

二、巨额财产来源不明罪概述

（一）法律规定

《刑法》

第三百九十五条　【巨额财产来源不明罪】国家工作人员的财产、支出明显超过合法收入，差额巨大的，可以责令该国家工作人员说明来源，不能说明来源的，差额部分以非法所得论，处五年以下有期徒刑或者拘役；差额特别巨大的，处五年以上十年以下有期徒刑。财产的差额部分予以追缴。

【隐瞒境外存款罪】　国家工作人员在境外的存款，应当依照国家规定申报。数额较大、隐瞒不报的，处二年以下有期徒刑或者拘役；情节较轻的，由其所在单位或者上级主管机关酌情给予行政处分。

（二）立案标准

根据最高人民检察院《关于人民检察院直接受理立案侦查案件立案标准的规定（试行）》，巨额财产来源不明案（第 395 条第 1 款）巨额财产来源不明罪是指国家工作人员的财产或者支出明显超出合法收入，差额巨大，而本人又不能说明其来源是合法的行为。涉嫌巨额财产来源不明，数额在 30 万元以上的，应予立案。隐瞒境外存款案（第 395 条第 2款）隐瞒境外存款罪是指国家工作人员违反国家规定，故意隐瞒不报在境外的存款，数额较大的行为。涉嫌隐瞒境外存款，折合人民币数额在30 万元以上的，应予立案。

（三）犯罪构成

1. 主体

巨额财产来源不明罪的主体是特殊主体，即国家工作人员。

2. 主观方面

巨额财产来源不明罪在主观上是故意，即行为人明知财产不合法而故意占有，案发后又故意拒不说明财产的真正来源，或者有意编造财产来源的合法途径。

3. 客体

巨额财产来源不明罪侵犯的客体是复杂客体，即国家工作人员职务行为的廉洁性和公私财物的所有权。在官员贪污受贿难以证实的情况下，把举证责任部分转移而设立本罪。

4. 客观方面

巨额财产来源不明罪在客观方面表现为国家工作人员的财产或支出明显超过合法收入，且差额巨大，本人不能说明其合法来源。

本罪非法所得的数额应以国家工作人员的财产或者支出与其合法收入的差额部分计算。国家工作人员的合法收入是计算非法所得的基础。国家工作人员的合法收入包括国家工作人员的工资、奖金、国家发放的各种补贴、本人的其他劳动收入、亲友的馈赠和依法继承的财产。非法所得数额行为人能够说明财产的来源是合法的，并经查证属实则作为本人的合法收入；如果行为人不能说明财产的来源是合法的，则应减去其合法收入的差额部分，即视为非法所得。

（四）相关界限

巨额财产来源不明罪与贪污罪和受贿罪有着密切的联系，大多数巨额财产来源不明就是没有被查明证实的贪污罪和受贿罪，但巨额财产来源不明罪作为一个独立的罪名有着自己的犯罪构成。行为人拥有的来源不明的巨额财产既可能是来自贪污、受贿，也可能是来自走私、贩毒、盗窃、诈骗等等行为，这些都不影响构成巨额财产来源不明罪。巨额财产来源不明罪只要求行为人拥有超过合法收入的巨额财产，而且行为人不能说明、司法机关又不能查明其来源的即可。

三、防范要点

设置巨额财产来源不明罪能让部分意志薄弱的国家工作人员放弃侥幸心理，对任何非法财产都畏之如虎，从而远离贪污腐败的可能。"官员财产申报制度"与"巨额财产来源不明罪"不可分割。供电企业要从立足于推进反腐事业大局的角度，不断建立和完善党员干部财产申报公开制度，明确申报主体，拓宽申报范围，规定公开形式与种类、坚持党政内部监督、公众监督、新闻媒体监督，使党员干部的财产阳光化、透明化，有效堵住贪腐现象。

第七节　以单位名义发放奖金的私分国有资产罪风险

一、参考案例

案例 1：套取资金在施行年薪制的同时给班子成员发放各类奖金，构成私分国有资产罪

案号：（2017）鲁 09 刑终 220 号

被告人臧某原系某管道工程公司总经理兼党委副书记。某管道工程公司系全民所有制企业，公司领导班子由总经理、党委副书记臧某，副总经理、党委书记谭某，副总经理、总会计师陈某，副总经理、党委委员崔某，纪委书记兼工会主席杜某组成。2010 年至 2014 年，该公司违反国家规定，经全体领导班子成员（谭某等四人另案处理）研究同意，以单位发放奖金名义将 382 万元国有资产私分给个人。其中，2012 年 12 月，该公司中标某供水工程项目，该公司违反国家规定，以单位发放"市场激励奖"名义，采取虚开运输费发票的方式套取国有资金 177 万元私分给个人。2011 年度至 2013 年度，该公司违反国家规定，由班子成员研究决定在施行年薪制的同时按以前的惯例给班子成员发放各类奖金，

以单位发放"年度绩效奖金"等名义，采取虚开劳务费发票方式套取国有资金 112.488 万元私分给个人。2012 年 5 月，该公司中标某农网改造电杆项目，给职工发放电杆奖励时，该公司违反国家规定，以单位名义将 43 万元国有资产私分给个人。2011 年 5 月，该公司在研究处理市场部 15 万元营销费用时，违反国家规定，采取虚开租赁费发票的方式套取国有资金 64.5 万元，其中 49.5 万元以单位发放"市场开拓奖"和"货款回收奖"名义私分给个人。臧某分得 69.46 万元。在纪委调查期间，臧某退还公司款项 60.82 万元。一审、二审判决被告人臧某犯私分国有资产罪，判处有期徒刑二年，并处罚金人民币 20 万元，与其他罪行数罪并罚。

案例 2：将物业账户资金以福利费名义给职工，构成私分国有资产罪

案号：（2018）黔 2325 刑初 2 号

被告人陈某原系某电力股份有限公司财务资产部副主任。2010 年 8 月至 2013 年 12 月，被告人陈某在担任发电厂副厂长等职务期间，与时任发电厂厂长、党委书记李某，二人共同商量，安排时任发电厂综合事务员（实际负责财务工作出纳员）的雷某，分别于 2010 年 8 月 4 日、2011 年 2 月 23 日、2012 年 6 月 27 日、2013 年 9 月 4 日、2013 年 12 月 12 日，先后五次将发电厂管理的某物业有限公司的物业管理账户内的资金共计 159 万元取出，以福利费的名义分发给发电厂职工。陈某自己领取了 6.8 万元。法院判决被告人陈某犯私分国有资产罪，判处有期徒刑九个月，并处罚金人民币五万元。

案例 3：江西丰城电厂案中的私分国有资产罪不成立

案号：（2017）赣 0103 刑初 855 号

2016 年 11 月 24 日，江西丰城发电厂三期扩建工程发生冷却塔施工平台坍塌特别重大事故，造成 73 人死亡、2 人受伤，直接经济损失 10197.2 万元。

被告人吴某先后担任江西赣能股份有限公司丰城二期发电厂（以下简称丰电二期）副总经理、总经理、江西赣能股份有限公司副总经理，任职期间其多次非法收受他人财物并利用职务便利为他人谋取利益，其中钱款共计 90.2 万元人民币，另有宝马车一辆（价值人民币 27 万元）、手表三块、苹果笔记本电脑一台。

被告人吴某担任江西赣能股份有限公司丰电二期总经理期间，利用职权，违反国家规定，延续之前总经理的做法，要求计划经营部经理杨某及物资材料处负责人吴某等人与南昌某贸易有限公司等公司虚设合同，套取江西赣能股份有限公司丰电二期公账上的资金1711万元。此外，还设立小金库，巧立奖金福利名义发放给单位全体员工，共从小金库发放1127万余元。已发款项全体员工大部分退回，上缴宜春市财政局或退回江西省投资集团公司。

江西省投资集团公司是上市公司江西赣能股份有限公司的控股股东，持股占比58.4294%。

法院认为，江西赣能股份有限公司系上市股份公司，其股权结构为自然人股东占比为41.5706%，江西省投资集团（全民所有制企业）公司占比58.4294%。根据上述股权结构，江西赣能股份有限公司属于国家出资企业，不属于国有企业。江西赣能股份有限公司丰电二期系江西赣能股份有限公司的内部核算单位，属分公司性质单位，其也不属于国有企业，不符合私分国有资产罪的犯罪构成主体要件，故被告人吴某作为该单位的负责人亦不构成本罪。一审判决吴某犯受贿罪，判处有期徒刑二年，并处罚金人民币三十万元。

二、私分国有资产罪概述

（一）法律规定
《刑法》

第三百九十六条　【私分国有资产罪】国家机关、国有公司、企业、事业单位、人民团体，违反国家规定，以单位名义将国有资产集体私分给个人，数额较大的，对其直接负责的主管人员和其他直接责任人员，处三年以下有期徒刑或者拘役，并处或者单处罚金；数额巨大的，处三年以上七年以下有期徒刑，并处罚金。

（二）立案标准

根据最高人民检察院《关于人民检察院直接受理立案侦查案件立案标准的规定（试行）》，私分国有资产案（第396条第1款）私分国有资产罪是指国家机关、国有公司、企业、事业单位、人民团体，违反国家规定，以单位名义将国有资产集体私分给个人，数额较大的行为。涉嫌私分国有资产，累计数额在 10 万元以上的，应予立案。

（三）犯罪构成

1. 主体

私分国有资产罪的主体是国家机关、国有公司、企业、事业单位、人民团体。本罪是单位犯罪，但根据法律规定只处罚私分国有资产的直接负责的主管人员和其他直接责任人员。

2. 主观方面

私分国有资产罪在主观方面是直接故意犯罪。行为须有明知是国有资产而故意违反国家规定，将其集体私分给个人的确定故意。如疏忽大意地误将国有资产当作企业资金加以集体私分者，不能成立本罪，情节严重者，则按渎职犯罪处理。

3. 客体

私分国有资产罪所侵犯的直接客体是国有资产的管理制度及其所有权。

4. 客观方面

私分国有资产罪的犯罪对象是国有资产。依照 1999 年最高人民检察院《关于人民检察院直接受理立案侦查案件立案标准的规定（试行）》，国有资产应当界定为国家依法取得和认定的，或者国家以各种形式对企业投资和投资收益、国家向行政单位拨款等形成的资产。国有资产包括依法经由上述国家机关、国有公司、企业、事业单位、人民团体管理、使用或者运输中的国有资产。除国有资金外，还包括国有的生产资料、生活资料乃至属于国有的产品、商品等。

（四）相关界限

1. 直接负责的主管人员和其他直接责任人员认定

根据《全国法院审理金融犯罪案件工作座谈会纪要》，单位犯罪直接负责的主管人员，是在单位实施的犯罪中起决定、批准、授意、纵容、指挥等作用的人员，一般是单位的主管负责人，包括法定代表人。其他直接责任人员，是在单位犯罪中具体实施犯罪并起较大作用的人员，既可以是单位的经营管理人员，也可以是单位的职工，包括聘任、雇佣的人员。主管人员与直接责任人员不是当然的主、从犯关系。

私分国有资产案的直接负责的主管人员，是在该犯罪活动中有主要决策责任的国有单位负责人或其他领导人员，具体应包括：

（1）直接作出私分决定的单位负责人；

（2）直接作出私分决定的单位分管领导；

（3）参与集体研究并同意研究决定的领导；

（4）具体指挥私分行为的领导。

私分国有资产案的其他直接责任人员，是指除直接负责的主管人员外，其他对该类犯罪行为负有责任的人员，也就是单位犯罪行为的直接实施或协助实施者。包括：

（1）提出私分建议并具体策划私分行为的人员；

（2）具体组织实施私分行为的人员。

2. 单位私分"小金库"行为的认定

1989 年 11 月国务院发布的《关于清理检查"小金库"的通知》中规定：所有机关、团体、企业和事业单位，凡侵占、截留国家和单位的收入，化大公为小公、化公为私，未在本单位财务会计部门列收列支、私存私放的各项资金，均属"小金库"，都要进行清理和检查。国家三令五申制止"小金库"行为，供电企业对"小金库"的查办也十分严格。任何私分"小金库"资金的行为都涉嫌私分国有资产罪，对私设"小金库"行为情节严重、必须追究单位领导人和直接责任人党纪、政纪责任的，交由纪检监察部门处理；触犯刑律的，移交司法机关处理。

3. 私分国有资产罪和滥发奖金、福利的区别

1993 年国家国有资产管理局颁发《国有资产产权界定和产权纠纷处理暂行办法》第十二条规定，可分配利润及从税后利润中提取各项基金后，已提取用于职工奖励、福利等分配给个人消费的基金，不属于国有资产。上缴税金以后的利润留成或事业单位、人民团体通过市场取得的不体现政府职能的经营、服务性收入，按照规定交纳税金、管理费用后，不属于应当上缴国家的国有资产，单位有权作出分配，不构成私分国有资产罪。

国家允许国家机关、国有公司、企业、事业单位、人民团体发放奖金、福利、津贴等，但必须按照规定的范围和标准发放。如果利用这一部分利润发放福利超过标准和限度的，则应认定是违反财经纪律的行为。但如果对管理、使用的无自由支配权的国有资产，通过巧立名目、藏匿、

侵吞、违规记账等手段留存，以奖金、福利等形式分配给单位个人，则严重背离了国有资产的经营、管理、使用权限，应认定为私分国有资产的行为，达到 10 万元数额较大的，即应追究刑事责任。

三、防范要点

随着我国社会主义市场经济的不断发展和经济体制改革的逐步深入，在国有企业中的一部分人，借名义、钻空子，违反国家规定，采取奖金、提成、福利等形式将国有资产化公为私，致使国有资产大量流失。

确定合理、有效的薪酬体系是国有企业避免私分国有资产的重要途径之一。建立科学的薪酬激励机制以有效地激励企业的经营管理者，从而有效地解决因国有资产所有者和经营者分离而产生的委托代理问题。建立科学的薪酬激励机制的前提是要有合理规范的、与社会主义市场经济体制相适应的、符合国有企业特点的企业经营业绩考核体系和企业经营管理人员考核评价体系。供电企业的薪酬评价体系正逐步完善发展。

第八节　供电企业廉洁从业其他刑事风险法条

第三百八十九条 【行贿罪】为谋取不正当利益，给予国家工作人员以财物的，是行贿罪。

在经济往来中，违反国家规定，给予国家工作人员以财物，数额较大的，或者违反国家规定，给予国家工作人员以各种名义的回扣、手续费的，以行贿论处。

因被勒索给予国家工作人员以财物，没有获得不正当利益的，不是行贿。

第三百九十条之一 【对有影响力的人行贿罪】为谋取不正当利益，向国家工作人员的近亲属或者其他与该国家工作人员关系密切的人，或者向离职的国家工作人员或者其近亲属以及其他与其关系密切的人行贿的，处三年以下有期徒刑或者拘役，并处罚金；情节严重的，或者使国家利益遭受重大损失的，处三年以上七年以下有期徒刑，并处罚金；情节特别严重的，或者使国家利益遭受特别重大损失的，处七年以上十年以下有期徒刑，并处罚金。

　　单位犯前款罪的，对单位判处罚金，并对其直接负责的主管人员和其他直接责任人员，处三年以下有期徒刑或者拘役，并处罚金。

　　第三百九十一条　【对单位行贿罪】为谋取不正当利益，给予国家机关、国有公司、企业、事业单位、人民团体以财物的，或者在经济往来中，违反国家规定，给予各种名义的回扣、手续费的，处三年以下有期徒刑或者拘役，并处罚金。

　　单位犯前款罪的，对单位判处罚金，并对其直接负责的主管人员和其他直接责任人员，依照前款的规定处罚。

　　第三百九十二条　【介绍贿赂罪】向国家工作人员介绍贿赂，情节严重的，处三年以下有期徒刑或者拘役，并处罚金。

　　介绍贿赂人在被追诉前主动交待介绍贿赂行为的，可以减轻处罚或者免除处罚。

第五章　供电企业纠纷处理的
刑事法律适用分析

供电企业一方面要满足人们的电力消费需求，提供合格的电能和优质的供电服务；另一方面，要管好输电配电网络，确保电网安全、稳定运行，实现电力供求之间的相互协调，此外还要履行好促进客户安全、经济、合理用电的职能。在此过程中，用户和群众会对供电企业的电力服务和电网建设、运维过程中涉及的各方面工作，提出意见和相关诉求。供电企业在电网建设、电网安全运行、用电检查、窃电查处、电力设施保护等方面都有可能与用户发生纠纷。在纠纷和冲突解决过程中，相关人员较好地掌握法律知识，将有助于顺利解决纠纷，达成共识。

本章主要针对常见的聚众闹访、非法上访、阻碍施工、窃电查处和电力设施保护，作相应的刑法运用分析。

第一节　阻碍电网建设等现场冲突与妨害公务罪、寻衅滋事罪、聚众扰乱社会秩序罪

一、参考案例

案例 1：聚众阻碍高压线塔基施工并打伤民警被判寻衅滋事罪和妨害公务罪

案号：（2018）桂 0981 刑初 202 号

被告人欧某等 7 人系某村农民。2017 年 10 月 30 日上午，某供电局委托的施工方在山岭上挖掘高压电线塔基础坑，被告人欧某等人即召集该村村民数十人持铁铲、锄头、木棍等工具前往该山岭处，威胁及阻拦施工人员施工。欧某等人用砖块等物投掷在现场的两台钩机，致使两台钩机的玻璃被砸烂。当日下午，被告人欧某等人又阻止钩机驶离，并使用铁铲、砖块等物打砸现场的两台钩机，致使两台钩机毁坏。当日 17 时许，派出所接报警后，派出五名民警到上述现场进行处理。被告人欧某为阻止民警黎某、李某用手机、执法记录仪进行摄录取证，将黎某的手机打落在地后，用铁铲铲断该手机，又上前抓李某的衣领。在此过程中，被告人欧某甲伙同其他村民上前围殴李某，致李某受伤以及其使用的执法记录仪被村民抢夺走；被告人欧某伙同其他村民持铁铲

追黎某。经某价格认证中心认定，两台钩机的损失价格为人民币 6330 元，黎某的手机价值人民币 1102 元，被抢夺的执法记录仪价值人民币 1037 元。经该市公安局法医鉴定，被害人李某的损伤程度为轻微伤。

法院认为，被告人欧某等人同他人为发泄情绪，任意损毁被害人财物，严重影响被害人的工作，情节恶劣及情节严重的行为，均已触犯刑法，均构成了寻衅滋事罪；以暴力方法阻碍国家机关工作人员依法执行职务的行为，均已触犯刑法，均构成了妨害公务罪。欧某等人共同实施犯罪行为，均是共同犯罪。判决被告人欧某甲犯寻衅滋事罪，判处有期徒刑一年四个月；犯妨害公务罪，判处有期徒刑十一个月，数罪并罚，决定执行有期徒刑二年一个月，缓刑四年。其他 6 名被告人也判处相应的刑期。

案例 2：聚众阻碍风电场施工涉嫌聚众扰乱社会秩序罪

案号：（2019）赣 08 刑终 64 号

被告人陈某甲、陈某乙、陈某丙系某县无业人员。2017 年 4 月中旬至 6 月中旬，3 被告人煽动、聚集某村村民以集会、阻工等方式扰乱正常社会秩序，情节严重，致使该村村委会等组织、单位的工作无法正常进行，水电站、在建风电场项目的生产无法进行，并造成了严重经济损失，在所在地区造成了较为恶劣的社会影响。一审法院认为，三名被告以为村民维权为名推选村民小组代表、成立村务监督委员会并担任成员，以扩大成员在村民中的影响力，有组织地煽动、聚集村民多次采用滋扰、纠缠、哄闹、造势等手段扰乱村委会的正常工作秩序，导致扶贫、安居等工作无法进行、村支委集体辞职，情节严重；同时有组织地煽动、聚集村民多次采取粗暴方式阻止水电站、风电场项目的正常生产、施工，并客观上造成了严重经济损失；三人的行为均已构成聚众扰乱社会秩序罪。三人均系首要分子。判决被告人陈某甲犯聚众扰乱社会秩序罪，判处有期徒刑四年；被告人陈某乙犯聚众扰乱社会秩序罪，判处有期徒刑三年；被告人陈某丙犯聚众扰乱社会秩序罪，判处有期徒刑二年。二审驳回上诉，维持原判。

案例 3：聚众围堵县供电公司大门涉嫌聚众扰乱社会秩序罪

案号：（2017）鲁 1721 刑初 380 号

案情简介：2017 年 5 月 23 日 8 时，因亲属在其他村民家铺地砖时不慎触电死亡，被告人王某亮、王某学等二十余人携带花圈、横幅、冥币等物品到县供电公司门口，采取拉横幅、摆花圈、撒纸钱、烧纸、哭闹等方式围堵县供电公司大门，阻碍车辆和人员出入。经县公安局民警、县供电公司工作人员多次劝阻无效。直至17时，被告人王某亮、王某学等人被县公安局民警带离现场。被告人聚众哄闹县供电公司，造成施工车辆无法到达施工现场，来公司领料的车辆无法出去，致使多处线路抢修现场因缺少物资无法开展工作，并引起大量群众围观，给供电公司造成了严重的负面影响。县人民检察院以聚众扰乱社会秩序罪，于2017年9月7日向法院提起公诉。法院以聚众扰乱社会秩序罪，判处被告人王某亮有期徒刑一年六个月；判处被告人王某学有期徒刑一年，缓刑二年。

二、法律分析

关键法条
《刑法》

第二百七十七条 【妨害公务罪】以暴力、威胁方法阻碍国家机关工作人员依法执行职务的，处三年以下有期徒刑、拘役、管制或者罚金。

以暴力、威胁方法阻碍全国人民代表大会和地方各级人民代表大会代表依法执行代表职务的，依照前款的规定处罚。

在自然灾害和突发事件中，以暴力、威胁方法阻碍红十字会工作人员依法履行职责的，依照第一款的规定处罚。

故意阻碍国家安全机关、公安机关依法执行国家安全工作任务，未使用暴力、威胁方法，造成严重后果的，依照第一款的规定处罚。

暴力袭击正在依法执行职务的人民警察的，依照第一款的规定从重处罚。

第二百九十条 【聚众扰乱社会秩序罪】聚众扰乱社会秩序，情节严重，致使工作、生产、营业和教学、科研、医疗无法进行，造成严重损失的，对首要分子，处三年以上七年以下有期徒刑；对其他积极参加的，处三年以下有期徒刑、拘役、管制或者剥夺政治权利。

【聚众冲击国家机关罪】 聚众冲击国家机关，致使国家机关工作无法进行，造成严重损失的，对首要分子，处五年以上十年以下有期徒刑；对其他积极参加的，处五年以下有期徒刑、拘役、管制或者剥夺政治权利。

【扰乱国家机关工作秩序罪】　多次扰乱国家机关工作秩序，经行政处罚后仍不改正，造成严重后果的，处三年以下有期徒刑、拘役或者管制。

【组织、资助非法聚集罪】　多次组织、资助他人非法聚集，扰乱社会秩序，情节严重的，依照前款的规定处罚。

第二百九十三条　【寻衅滋事罪】　有下列寻衅滋事行为之一，破坏社会秩序的，处五年以下有期徒刑、拘役或者管制：

（一）随意殴打他人，情节恶劣的；

（二）追逐、拦截、辱骂、恐吓他人，情节恶劣的；

（三）强拿硬要或者任意损毁、占用公私财物，情节严重的；

（四）在公共场所起哄闹事，造成公共场所秩序严重混乱的。

三、纠纷处理要点

电力是关系国计民生的基础产业，电力供应和安全事关国家安全战略，事关经济社会发展全局。只有加强城乡电网建设改造力度，才能建成城乡统筹、安全可靠、经济高效、技术先进、环境友好、与小康社会相适应的现代化电网，为经济社会发展提供源源不断的能源供应。供电企业在电网建设过程中，应加强政策研究和突发事件防范，确保电网建设项目有效落地。

（一）在电网建设、信访活动现场如遇聚众哄闹等冲突，应及时报警

从本节参考案例看，聚众阻碍电网建设、信访时聚众哄闹供电公司的，涉嫌妨害公务罪、寻衅滋事罪、聚众扰乱社会秩序罪等多项罪名。如果发生暴力袭击正在依法执行职务的人民警察的，还将依照妨害公务罪的规定从重处罚。纠集他人多次实施前款行为，严重破坏社会秩序的，将被处五年以上十年以下有期徒刑，可以并处罚金。煽动、串联、胁迫、以财物诱使、幕后操纵不明真相的群众采取过激方式参与非正常上访的，组织、资助他人或者提供交通工具协助他人非正常上访的，或者以信访为名借机敛财，插手社会管理事务，扰乱社会秩序的首要分子、组织策划者和积极参与者，将面临较重的处罚。

供电企业如遇采取极端方式阻碍电网建设，闹访或借上访之名煽动闹事的，应坚决依法严肃处理，及时报警寻求公安机关的保护，由公安

机关依法采取必要手段强行驱散或强行带离现场，构成犯罪的，依法追究其刑事责任。

（二）相关人员应加强学习法律和政策，合理引导反映诉求

近年来，属地群众阻碍电网建设的冲突时有发生，由此产生的信访案件也不在少数。为避免冲突升级，在做好现场处置的前提下，供电企业相关人员应及时、全面地吃透弄懂相关政策精神，提前做好沟通解释工作，坦诚交换意见，争取最大程度的理解和支持。在电网建设方面应注意的矛盾点主要有：

1. 架空线路在特殊情况下可以跨越房屋

架空电力线路是否可以跨越房屋，法律上并无禁止性规定。《电力设施保护条例实施细则》第十五条明确"架空电力线路一般不得跨越房屋"，同时也指出，"特殊情况需要跨越房屋时，设计建设单位应当采取增加杆塔高度、缩短档距等安全措施，以保证被跨越房屋的安全"。从该细则可知，在保证安全的情况下，允许架空电力线路跨越房屋。各省针对此问题，也有类似的操作细则。如《江苏省电网建设征地拆迁补偿实施意见》明确规定，110 千伏架空导线与建筑物在最大计算弧垂下，最小垂直安全距离满足 5 米的情况下，被跨建筑物不予拆除和补偿。《浙江省电网设施建设保护和供用电秩序维护条例》规定，新建 500 千伏以上架空电力线路不得跨越居民住宅和危及线路安全的建筑物、构筑物；确需跨越的，设区的市、县（市、区）人民政府应当依法予以征收并给予补偿，对 500 千伏以下则不作此要求。

2. 线路走廊不征地

"输电线路走廊不实行征地"已由全国人大法工委的复函予以确认。2011 年 6 月 3 日，全国人大法工委在对黑龙江省人大法工委的《关于地方性法规中规定架空输电线路走廊不实行征地是否违法请示的答复意见》（法工办发〔2011〕128 号）中明确"地方性法规根据土地管理法、森林法等相关法律规定，可以规定架空输电线路走廊不实行征地；对因保护架空输电线路走廊，给有关当事人合法权益造成损失的，应当依法给予补偿"。在实际工作中，有 13 个省（自治区、直辖市）通过地方立法或地方政府规章的方式，规定电力线路走廊不征地。

在实践中，电力线路走廊及地下电缆通道大多未办理征地手续，不

会导致土地权利人完全无法使用土地，予以补偿可平衡各方利益。架空线路不影响线下及走廊范围内耕种、人员通行等正常生产生活，仅有杆塔塔基存在占用土地资源的实际，塔基占地存在零星（面积小）、线性（线路长）的特点。明确线路走廊不征地对土地性质、归属均不产生调整与影响，有利于清晰一次性补偿、缓解土地资源紧张、化解补偿矛盾，以及线路拆改、停用后土地归属权益；同时强调线路走廊不征地，可以规范统一目前各省对输电线路杆塔塔基占地、征地标准不一的现状。

3. 电力设施保护距离不是架空输电线路安全距离

架空线路的安全距离是带电线路与附近物体、地面、不同相带电导体、以及人员之间必须保持的最小距离或最小空气间隙。电力设施保护区距离是为了保障已建设架空线路的安全运行和电力正常传输、保障社会公众人身安全而划定的输电线路两侧的一定区域，通常为导线两侧一定水平距离区域内、禁止某些特定危险行为和作业。二者的概念、依据、内涵、保护目的和对象均有所不同。为了防止线路建成以后在线路周围实施建房、栽树、施工等活动性行为而危及电力设施及公众人身安全，故设置了相对较大水平距离的保护区域。现实中人们往往将二者混淆，将电力设施保护区距离视同为架空电力线路的安全距离，由此引发的房线纠纷、树线纠纷较为多见。

如文后案例 1、2，原告都主张适用《电力设施保护条例》和《电力设施保护条例实施细则》关于"导线边线向外侧水平延伸并垂直于地面所形成的两平行面内的区域：500 千伏为 20 米"的标准，要求被告拆迁。关于电力设施保护区距离与架空输电线路安全距离之间的关系，环办函〔2007〕881 号文《国家环境保护总局办公厅关于高压输电建设项目环评适用标准等有关问题的复函》曾有表述，认为《电力设施保护条例》定义了架空电力线路保护区，设置保护区的目的是为了保证已建设架空线路的安全运行和保障人民生活正常供电。这一区域由国家强制划定，任何单位或个人在架空电力线路保护区内，必须遵守"不得兴建建筑物、构筑物"等规定，实际上是为保护线路这一公用设施及公众人身的安全，对该区域内的行为做出了限制，与环保拆迁没有必然的关系。

文后所列的案例 2 于 2013 年经再审裁判，列入了《人民司法》2015 年第 2 期的指引案例，而案例 1 则于 2018 年裁判，即环办函〔2007〕881

号文废止之后。可见，环办函〔2007〕881号文虽已于2016年7月废止，但相应的法理得到了法院的充分认可。法院认为，建设架空输电线路不适用《电力设施保护条例》和《电力设施保护条例实施细则》的规定，而适用《110千伏-750千伏架空输电线路设计规范》等国家标准、行业标准。两原告主张适用《电力设施保护条例》和《电力设施保护条例实施细则》的条文是对架空电力线路保护区的规定，是国家为了保护电力设施和电力线路进行的规定，与本案争议的架空输电线路与房屋的安全距离属于两个不同的概念。因此，原告认为电力设施保护区距离是对500千伏架空输电线路与房屋的安全距离进行的规定，系其错误理解。

（三）依托政府加强树线矛盾治理，确保电网安全

近年来，随着人民生活水平的日益提高，用电量增长迅速，电网规模随用电量的增加逐年扩大，线路廊道的保护直接影响电网安全。树线矛盾是电网企业长期以来的痛点、堵点。不少村民在高压线路下种植毛竹、树木等容易危害电力线路的植物，且劝导效果不佳。对此，建议电网企业要紧紧依托政府，建立良好的政企关系，以政府为主导对线路廊道开展定期清理。发现隐患后供电企业应及时下达隐患整改通知书，保留证据，积极主张权利，必要时可通过法院起诉，掌握主动权。

部分供电企业通过政府发文，明确电网规划建设项目用地范围内，不得批准其他项目建设，不得占用已列入规划和投入使用的变电设施用地、架空电力线路走廊和电缆通道；禁止在已规划的变电站和架空电力线路走廊用地上抢建、抢种。该做法值得借鉴。

四、其他电网建设和线树、线房矛盾民事参考案例

案例1：500千伏输电线路电磁辐射符合国家标准要求不必迁移

案号：（2018）皖0881民初266号、（2018）皖08民终1454号

原告阮某夫妇于1994年申请获得一宗宅基地后，自建三底三上楼房一幢。被告某电力公司于2011年度开始建设某500千伏输变电工程，并于2012年投入运行至今。2017年原告外地打工回家发现该线路，认为该线路不仅严重侵害了其合法居住环境，而且还给其家庭生活造成严重的安全隐患。2017年9月12日，被告委托相关机构对涉案线路与原告房屋的环境进行检测，原告房屋的工频电场强度为0.21～0.617千伏/米，

小于国家标准的 4 千伏/米，工频磁感应强度为 0.218～0.498 微特斯拉，小于国家标准的 100 微特斯拉。且该 500 千伏高压线路距离原告房屋的垂直距离为 28 米、水平距离为 15.3 米、净空距离为 31.9 米，超过《110 千伏～750 千伏架空输电线路设计规范》最小净空距离为 8.5 米的规定，被告认为以上均符合国家标准，并未对原告造成妨害。2018 年 1 月 10 日阮某提起诉讼，请求被告排除妨碍，迁移高压线路。

一审法院认为：被告已委托相关机构测试原告房屋的工频电场、磁场强度，均符合国家要求，原告向法庭提交的照片证据，仅能证明涉案高压线路与原告房屋存在相邻关系的事实，并不能证明涉案线路对原告造成妨害，影响原告的居住和生活。两原告主张适用《电力设施保护条例》和《电力设施保护条例实施细则》的条文是对架空电力线路保护区的规定，是国家为了保护电力设施和电力线路进行的规定，与本案争议的架空输电线路与房屋的安全距离属于两个不同的概念。因此，两原告认为该法规和规章是对 500 千伏架空输电线路与房屋的安全距离进行的规定，系其错误理解，故驳回原告请求。二审维持原判。

案例 2：500 千伏输电线路电磁辐射符合国家标准要求不必迁移

案号：（2011）自流民一初字第 212 号、（2012）自民一终字第 83 号、（2013）川民提字第 459 号

原告雷某房屋于 1998 年 6 月完工，1999 年 6 月 5 日取得房屋所有权证。某 500 千伏送电线路于 1998 年 11 月 18 日由政府同意征用塔基，1999 年送电。原告认为其住房位置属国务院《电力设施保护条例》规定的架空电力线路安全保护区 20 米以内，要求拆迁未果，诉至法院要求电力公司等被告停止相邻权侵害，消除对其人身和住房的危险，赔偿住房拆迁补偿金 222264.80 元以及误工费 25000 元。

一审认为，该 500 千伏线路系经国家行政审批后兴建，雷某的诉求缺乏妨害相邻关系的事实基础，该主张不能成立，不予支持。二审引用环办函〔2007〕881 号文，认为架空电力线路保护区与环保拆迁没有必然的关系，该线路与雷某房屋之间的最小垂直距离、净空距离、水平距离均大于《110～500 千伏架空送电线路设计技术规程》《110 千伏～750 千伏架空输电线路设计规范》规定的安全距离，雷某提供的证据不足以证明 500 千伏线路的架设违反了有关国家标准或行业标准、对雷某及其家人的

房屋和人身构成了相邻权侵害，故维持原判。

案例 3：磁场强度符合规范，220 千伏线路不需迁移

案号：（2016）京 0107 民初 14695 号、（2017）京 01 民终 3310 号、（2018）京民申 757 号

2013 年 4 月，被告某供电企业开工建设某 220 千伏变电站架空线路工程，并于 2014 年 5 月投运，投运后共有 166 根高压线路穿越原告陈某所在小区。原告陈某以及部分沿线小区居民对工程的安全性及环保提出质疑，向各机关投诉或信访。2014 年 4 月至 6 月，经各小区居民代表选定、由政府部门委托第三方检测机构对该线路周边的电场强度及磁场强度进行了检测，所测得数据均符合国家相应标准。该工程导线距离平地最低距离为 15 米，边导线距离原告房屋最近距离为 19 米，均在标准范围内。2016 年 12 月，原告陈某提起诉讼，请求法院判令拆除铁塔或将高压线埋入地下，赔偿各项损失 80 万元。

一审法院认为：该工程的立项、规划、验收、环保均符合规定，第三方机构测得的相关数据均在国家标准范围内，故不会对原告的生命财产安全构成威胁。且该工程具有重大社会公众利益，无论移除或改建都会造成重大社会财富浪费及不良社会影响，故驳回原告请求。二审法院维持原判。原告不服判决，提起再审申请，被驳回。

案例 4：线房距离符合规范，110 千伏线路不需迁移

案号：（2015）阳春法民一初字第 831 号、（2016）粤 17 民终 433 号、（2018）粤 17 民再 1 号

1992 年，被告某供电企业投运 110 千伏输电线路，原告张某等 18 户人中已有人在线路架设范围内建房。2009 年 11 月，被告某供电公司对 110 千伏输电线路进行改造，将线路的对地距离提升到 24 米（最高的可达 30 米）。2010 年 7 月，经当地建设局批复，被告对该线路再次进行改造并于 2011 年 1 月投运。2011 年 2 月，被告某供电公司对原告张某等 18 户人的房屋与该输电线路距离进行测量，测量结果为 18 户人的房屋与 110 千伏线距离符合标准，并有原告张某等 18 户人的签名确认。2012 年 1 月，经过第三方环境测试中心测试，原告张某等 18 户与线路的距离均符合相关标准。原告张某多次通过信访等形式向政府提出诉求，认为被告架设的输电线路会对原告的人身或财产造成影响，2014 年当地信访

局等 11 家部门就原告的信访事项举行公开听证会,听证会认为 110 千伏输电线路项目的实施是合法合规的,且根据第三方评测,110 千伏线电磁场符合《电力法》和《电力设施保护条例》规定的国家行业标准。2015年 8 月,张某等 18 名原告以 110 千伏输电线路途经原告房屋危及生命安全为由,请求法院判处某供电公司拆除 110 千伏输电线路,停止侵害,消除危险。

一审、二审法院认为:本案属消除危险纠纷,供电公司架设的 110 千伏高压线经过当地城建规划主管部门审批后建设,且经过鉴定机构鉴定该线路的工频电场和磁场强度值未超过国家规定的标准值。原告张某等 18 名原告与 110 千伏输电线路实际净空距离最近的是 7.94 米,该距离高于规定的 4 米(《110 千伏~750 千伏架空输电电线路设计规范》),符合国家规定。驳回原告的请求。再审维持原判。

案例 5:线房距离符合规范,500 千伏线路不需迁移

案号:(2014)扬民终字第 01110 号、(2015)苏审二民申字第 00694 号

2012 年 5 月,某市供电公司经批准实施了 500 千伏某输电线路架设工程,该电力线路部分架空线路从陈某所有的房屋东侧上空通过。陈某以供电公司 500 千伏架空电力线路与其房屋的距离不符合国家相关规范,电力设施所产生的辐射给其生活和工作造成了严重妨碍,致使其种植植物、饲养动物、日常劳动及房屋翻建、维修均受到了限制,出门行走也处在危险之中,房屋已不适合居住为理由,提起排除妨碍之诉。经司法鉴定,某工程设计研究有限公司对陈某的房屋与供电公司 500 千伏电力线路杆线安全距离绘制了测量图。线路与房屋之间的距离,符合电力规范要求。一审驳回原告的诉讼请求,二审维持原判,再审驳回申请。

案例 6:与房屋水平距离不够,不小于最小净空距离也属合法

案号:(2016)川 0824 民初 1908 号、(2017)川 08 民终 491 号

因兰渝铁路牵引站供电工程建设需要,被告某市供电公司架设 110千伏输电线路。该线路某档位于某村一组。原告何某的房屋位于该档线右侧。该档线路建设前,涉及线路欲跨越原告的房屋问题,政府相关部门及被告与原告双方就原告房屋拆迁事宜进行了商谈,未达成一致意见。2015 年 9 月 21 日,被告某市供电公司委托某市电力设计院对 110 千伏线路工程某档导线与原告何某的房屋距离进行了测量。原告对某电力设

计院测量的垂直距离、水平距离、净空距离的数值没有异议，但认为该线路距离其房屋的水平距离仅 0.4 米，小于国家规范的 2.0 米，不符国家规范距离，对原告的房屋和生活存在高压危险妨碍，应当予以拆除。故原告起诉至法院，引发诉讼。

一审法院认为，兰渝铁路牵引站供电工程经政府相关管理部门批准建设，系合法建设。其水平距离虽与国家标准距离不符，但参考中华人民共和国国家标准《110 千伏～750 千伏架空输电线路设计规范》条文说明"水平距离小于本规范表 13.0.4-3 所列数值时，应考虑最大风偏情况下边导线与建筑间的最小净空距离不小于本规范表 13.0.4-2"。涉案线路净空距离主房为 32.34 米，距离偏房为 42 米。同时该线路建设经有资质的专业机构进行环境影响评价，其 110 千伏线路电场对沿线居民身体健康不造成影响。可见，被告架空在原告房屋上方的高压线路符合相应技术标准，超出最小安全距离，已采取了适当的安全措施，其电磁辐射符合相应技术规范。原告主张水平距离不符国家规范，对其房屋和人身安全具有高度危险，造成损害的主张缺乏事实依据，对其诉讼请求不予支持。二审驳回上诉，维持原判。

案例 7：符合规范的输电线路施工行为，法院判决被告排除妨碍

案号：（2016）苏 1012 民初字第 2350 号、（2016）苏 10 民终 3264 号

某 220 千伏输变电工程 110 千伏出线工程的线路路径跨越两被告房屋。设计导线距离被告王某户屋顶的净空距离为 24.8 米，导线距离被告梁某户屋顶的净空距离为 13.4 米。2016 年 1 月 9 日原告在该村境内进行电缆施放施工时，两被告至施工现场以在屋顶架设高压线影响其生活为由阻止施工。嗣后，涉案 110 千伏出线工程一直未继续施工，处于停工状况。

原审法院认为，涉案工程项目履行了合法审批手续，且通过环境影响评价，具备开工建设的条件。因此，原告对妨碍其正常施工的侵权行为享有排除妨碍的权利。判决：被告梁某、王某停止对原告某市供电公司按照 220 千伏变电站配套 110 千伏出线工程项目设计图纸进行正常施工的侵害，不得妨碍上述工程项目的正常施工。二审维持原判。

案例 8：线下树木是否予以补偿不构成阻却排除妨害请求权的事由，应及时砍伐

案号：（2017）辽 0321 民初 225 号、（2017）辽 03 民终 1385 号

2004 年 1 月 16 日，高某与当地村委会签订林地承包合同，承包期限为 60 年。2011 年，供电公司投运 220 千伏输电线路，线路在高某承包的林地上空通过。2017 年 1 月 25 日，供电公司向一审法院起诉高某，称高某没有砍伐在电力线路保护区内种植的树木，树木生长过快，严重危及电力设施安全，要求被告高某排除妨害，消除危险，砍伐 220 千伏电力保护区内属于被告高某的树木。一审法院审理后对供电公司的请求予以支持，判决高某砍伐在原告 220 千伏供电导线边线向外侧水平延伸 15 米并垂直于地面所形成的两平行面内区域电力设施保护区内的树木，并协助有关部门办理砍伐上述涉案树木的相关手续。高某不服判决，上诉至二审法院，并在二审中辩称，供电公司未给付其合理补偿款，无权要求其砍伐相应树木。

二审法院认为：民事活动应当尊重社会公德，不得损害社会公共利益。本案所涉林木影响电力设施的安全运行，关系到公共利益与安全，是否予以补偿不构成阻却排除妨害请求权的事由。一审法院决认定事实清楚，适用法律正确，应予维持，驳回了高某的上述，维持原判。

案例 9：恢复采矿不能影响已投运输电线路的安全运行

案号：（2017）鄂 2826 民初 1222 号、（2018）鄂 28 民终 844 号

2008 年 6 月 30 日原告某采石场取得了采矿许可证，2011 年 5 月 18 日办理了个体工商户营业执照，之后一直在其矿区范围内从事采矿经营活动。被告某供电公司建设的 220 千伏输电线路工程，于 2008 年 11 月通过评审，2009 年 7 月经省发改委核准同意并开始建造，2010 年 6 月正式投入运营。2017 年 4 月，原告向当地安监局申请恢复生产未获同意，同年 5 月向当地经信局申请在矿区内开展爆破也未获批准。原告认为由于宜万电气化铁路的运营导致其正常经营受阻，2017 年 7 月，原告提起诉讼，请求法院判令被告将其营运的 220 千伏变压线路及其 065 号铁塔迁移至原告矿区 500 米以外。

一审法院认为：原告并未向人民政府电力行政主管部门申请批准在符合安全防护措施的条件下采矿，仅因无法得到相关行政主管部门批准复工及不予批准爆破作业而要求被告排除妨害，且原告 2008 年 6 月至 2011 年 5 月之间未办理个体工商户营业执照，处于无照经营状态，期间

该输电线路的建造中原告亦未向被告主张权利。同时该工程作为国家重大工程项目，项目投资巨大并已投入运营多年，不仅涉及被告的经济利益，更涉及到社会的公共利益，原告以无法得到相关行政主管部门批准复工及不予批准爆破作业为由，要求被告迁移相关线路，无足够证据证实，法院不予支持。二审法院驳回原告上诉，维持原判。

案例 10：线路防护区内种植作物应符合要求

案号：（2013）香民五初字第 307 号、（2014）哈民一民终字第 271 号

1996 年，被告某供电公司建设高压线路，2006 年对该线路进行改造，线路穿越原告吴某承包地上空，距离原告吴某承包地面的垂直距离 9.6 米。2002 年 10 月，原告吴某在其承包地上搭建铁架，同月被告供电公司因其在线路防护区内拉铁丝种植葡萄，向其送达隐患通知书，要求原告自行拆除铁架。2004 年，原告吴某经政府相关部门审批在其承包田内建温室两个、作业间各一个，并修建了温室的围墙和铁架。2005 年 7 月，被告供电公司对原告下达隐患通知书。2008 年起，原告吴某向当地法院起诉，要求被告供电公司排除妨碍，该请求被当地中院、高院驳回（（2008）香民四初宇第 894 号、（2009）年哈民一终字第 1150 号、（2010）黑民申一字第 60 号）判决。2011 年冬，原告吴某种植的葡萄树被冻死，认为是由于被告架设的线路原因导致其无法铺盖塑料膜，致使种植的葡萄被冻死。2013 年，原告吴某向一审法院起诉，请求判决被告供电公司赔偿经济收入的损失 70 万元。

法院认为，依据《黑龙江省电力设施建设与保护条例》第十三条的规定，架空输电线路走廊和地下电缆通道建设不实行征地。供电公司对架空线路走廊的土地区域并不占有、使用，设定保护区亦不符合用益物权种类形式的特征。在原告搭建温室和葡萄架之前，改造前的高压线路即已经存在。原告在已经存在的高压线路下搭建温室和葡萄架，违反了国家法律的禁止性规定，不受法律保护。已有人民法院生效的民事判决书，认定被告架设的线路不构成对原告承包土地的妨碍，且原告葡萄树因未覆盖塑料膜而被冻死，与被告供电公司的行为不具有法律上的因果关系，故对原告吴某的请求不予支持。二审法院维持原判。

案例 11：高压线下种植速生桉树，法院判决 48 小时内清除

案号：（2018）粤 1322 民初 1804 号

原告某省电力有限公司输电检修分公司负责管理三峡至广东某电力线路的运行维护工作，该电力线路是三峡电站的输出路线和国家电网连接南方电网的枢纽。2017 年 9 月，原告发现被告彭某在该电力线路某段塔杆位高压线下的水田种植桉树。原告委托律师事务所于 2017 年 9 月 19 日向被告彭某出具律师函，告知被告彭某在 2017 年 12 月 1 日前自行清除其种植的危害电力线路的桉树，但被告彭某拒绝自行清除并阻止原告的工作人员清除危害电力线路的桉树。另查明，2016 年双方曾就电力线路同地段不同位置种植桉树并达成过补偿砍伐协议，已经砍伐，被告 2017 年新种的桉树不在以上协议已经砍伐位置，仍在电力线路设施保护区范围内。

一审法院认为，电力设施受国家保护，在依法划定电力设施保护区前已经种植的植物妨碍电力设施安全的，应当修剪或者砍伐。被告的行为已经严重危害输电线电力设施安全运行，随时可能发生特别重大安全事故，给国家和人民财产造成无法挽回的损失。被告有义务和责任清除种植的危害电路线路的桉树，被告拒绝自行清除，原告进行清除相关费用也应由被告承担，由于原告对清除费用没有请求，本院不作处理。在诉讼中，原告基于被告种植桉树随时可能发生严重的危害，申请先予执行，对该申请本院认为应当予以准许，因为已经开庭审理，对先予执行的申请在本判决中一并予以体现，不另行裁定。关于被告主张的电力线路对人身和环境损害，和本案不是同一法律关系，可提供证据向有主管管辖权的机关另行主张。判决被告彭某在本判决宣告后四十八小时之内清除在涉案高压线下的水田种植的桉树。被告彭某逾期不清除的，由原告组织人员予以清除，被告彭某不得阻止。

第二节　非法上访与寻衅滋事罪

一、参考案例

案例 1：越级信访并向劝访干部强拿硬要财物等涉寻衅滋事罪
案号：（2019）湘 10 刑终 87 号
被告人徐某系某村农民。自 2014 年以来，被告人徐某以村组账务不清、村组干部挪用、侵占集体资金、要求撤换组长徐某甲由其当干部、供电公司违规安装电表、非访被行政处罚要求赔偿等为由上访。经当地政府、相关部门多次处理答复，因未能满足其无理或非法要求，徐某为制造影响、施加压力，多次越级到北京市重点敏感地区非法上访，扰乱社会秩序。一审法院认为：徐某不但自己进京非访，而且还煽动并带领他人进京非访。被告人徐某因非正常进京上访被行政处罚过，但仍无视法律和正常程序，在其反映事项还在处理过程中或已依程序处理终结的情况下，为制造影响、施加压力，多次选择在国家举行重大活动的特殊时期，到非信访接待区域的北京重点地区和敏感地点非访滋事，严重影响社会治安秩序或造成恶劣社会影响，并以非正常上访相要挟，多次向劝访干部强拿硬要财物，任意损毁、占用公私财物，情节严重，其行为已构成寻衅滋事罪。一审判决被告人徐某犯寻衅滋事罪，判处有期徒刑三年。二审驳回上诉，维持原判。

案例 2：因劳动纠纷到越级上访并索要钱财涉寻衅滋事罪

案号：（2017）鄂 0922 刑初 287 号

原告系供电公司农电工。2008 年，原告所在省份为规范农电工的管理，要求所有农电工与新成立的县三新农电有限公司签订劳动合同，原告拒不签订劳动合同，要求按供电公司正式职工重新安排工作，补偿此前的工资差额、保险待遇等，并以此为信访理由于 2009 年开始上访。2011 年 10 月 30 日省电力公司复核，原告的信访事项缺乏法律和政策依据，不予支持，信访事项三级终结，由该省处理信访突出问题及群体性事件领导小组审核认定，于 2011 年 12 月 7 日报中央联席会议办公室备案。

原告为发泄不满，违反信访规定，以相同理由，在国家重大节日期间多次到北京信访，被县公安局多次行政拘留，被北京市公安局多次训诫。上访期间，原告以上访为要挟，以报销上访费用、赔偿损失为由，多次向县供电公司索要钱财共计 23268.90 元。2017 年 12 月 11 日，县人民检察院以被告人犯寻衅滋事罪，向法院提起公诉。法院判决被告人犯寻衅滋事罪，判处有期徒刑二年六个月，缓刑三年。

案例 3：阻碍特高压施工并以越级上访为要挟向政府强要 8 万元涉寻衅滋事罪

案号：（2018）湘 07 刑终 342 号

2015 年，±800 千伏特高压线工程某线路开始建设，被告人童某、庄某、陈某、文某为该工程沿线居民。按照该项目工程拆迁标准，四名被告人的房屋不在拆迁范围内，四名被告人对该项目拆迁标准不服，多次至镇、县、市、省及国家信访部门、电力部门上访，有关部门均给其明确的回复，并向四名被告人出示工程项目的相关批复文件、线路图等。2017年3月，该线路通电后四名被告人又以线路通电后对其家人身体健康及正常生活产生影响为由，再次多级上访。2017年5月，县环保局对其房屋进行了距离测量，但四名被告人对此监测结果不服，又多次上访。2018年1月9日，相关部门收到四名被告人投诉后，组织人员对四名被告人的房屋进行了环保监测，监测结果由环保部通过邮寄的方式发函给陈某等人，陈某于2018年2月初收到该函，四名被告人共同看了回复函的内容，已知其房屋监测结果合格。被告人童某、庄某、陈某、文某以进京非访登记相要挟，向镇人民政府强拿硬要人民币8万元。一审判决被告人陈某犯寻衅滋事罪，判处有期徒刑九个月；被告人庄某犯寻衅滋事罪，判处有期徒刑九个月；被告人童某犯寻衅滋事罪，判处有期徒刑八个月；被告人文某犯寻衅滋事罪，免除刑事处罚。原审被告人庄某、陈某、文某不服，提出上诉。二审驳回上诉，维持原判。

二、法律分析

关键法条

《刑法》

第二百九十三条 【寻衅滋事罪】有下列寻衅滋事行为之一，破坏社会秩序的，处五年以下有期徒刑、拘役或者管制：

（一）随意殴打他人，情节恶劣的；

（二）追逐、拦截、辱骂、恐吓他人，情节恶劣的；

（三）强拿硬要或者任意损毁、占用公私财物，情节严重的；

（四）在公共场所起哄闹事，造成公共场所秩序严重混乱的。

《治安管理处罚法》

第七条 国务院公安部门负责全国的治安管理工作。县级以上地方各级人民政府公安机关负责本行政区域内的治安管理工作。

治安案件的管辖由国务院公安部门规定。

第二十三条 有下列行为之一的，处警告或者二百元以下罚款；情节较重的，处五日以上十日以下拘留，可以并处五百元以下罚款：

（一）扰乱机关、团体、企业、事业单位秩序，致使工作、生产、营业、医疗、教学、科研不能正常进行，尚未造成严重损失的；

（二）扰乱车站、港口、码头、机场、商场、公园、展览馆或者其他公共场所秩序的；

（三）扰乱公共汽车、电车、火车、船舶、航空器或者其他公共交通工具上的秩序的；

（四）非法拦截或者强登、扒乘机动车、船舶、航空器以及其他交通工具，影响交通工具正常行驶的；

（五）破坏依法进行的选举秩序的。

聚众实施前款行为的，对首要分子处十日以上十五日以下拘留，可以并处一千元以下罚款。

三、防控要点

信访是除法律以外的又一种解决问题的办法，是一种比较直接的利益表达形式。信访工作是密切党和政府与广大人民群众联系的特殊桥梁和纽带。认真倾听群众诉求，有助于了解民意，化解矛盾，排解纠纷，理顺情绪，解决问题。供电企业开展信访工作应注意以下要点：

1. 主动引导正当合理信访

信访人对于自己的诉求，应当通过正当的程序和途径，以理性合法的方式表达，做到二"应"二"不应"。应到指定的地点信访。根据《信访条例》第十八条第一款规定，信访人采用走访形式提出信访事项的，应当到有关机关设立或者指定的接待场所提出。北京天安门地区、中南海周边、中央领导人住地、外国驻华使领馆区以及国家举行重大政治和其他活动的场所不是指定的信访接待场所。应自觉维护信访秩序。根据《信访条例》第二十条，信访人在信访过程中应当遵守法律、法规，不得损害国家、社会、集体的利益和其他公民的合法权利，自觉维护社会公共秩序和信访秩序。该条对信访人不得有六类行为作了明确规定。不应越级上访。根据《信访条例》第十六条，信访人采用走访形式提出信访事项，应当向依法有权处理的本级或者上一级机关提出；信访事项已经受理或者正在办理的，信访人在规定期限内向受理、办理机关的上级机关再提出同一信访事项的，该上级机关不予受理。四是不应违法群访。根据《信访条例》第十八条第二款，多人采用走访形式提出共同的信访事项的，应当推选代表，代表人数不得超过 5 人。

2. 规范设置信访接待场所

根据《信访条例》规定，信访人采用走访形式提出信访事项的，应当到有关机关设立或者指定的接待场所提出。供电企业作为关系民生的国有企业，也涉及为数不少的信访接待，因此也应设立专门的信访接待场所，方便信访接待。编者建议供电企业设立信访接待场所时应独立设置并合理布置，至少应实现与电力调度大楼办公区域隔离，同时也要规范信访室接待流程、规章制度等上墙内容，以有效引导正常信访，维护供电企业良好形象。

3. 规范信访接待方式

信访人对自己的诉求，应当通过正当的程序和途径以理性合法的方式表达。在具体信访接待中，应运用好信访接待的相关规定，对越级上访的，应及时告知信访人到有权处理的本级或者上一级机关提出。对超过 5 人群访的，要及时引导群访人推选代表。对经过三级信访已终结的事项，要做好息访息诉的情绪疏导、政策解释、思想教育和人员稳控等工作，争取早日案结事了。

4. 妥善处理重大信访事项

简单的纠纷，客户只要通过 95598 客服热线就可以得到迅速、有效地解决，因此供电企业的信访需要面对的往往是一些老大难甚至是历史遗留的问题。这就需要相关业务部门经常对 95598 或群众来信来访中反映的带普遍性、倾向性的问题加以综合研究、解决。各专业在日常工作中遇有重大、苗头性的事项，也应及时向信访部门报告，制订应对预案。一旦发生群访、非访等可能造成社会影响、损害企业声誉的重大、紧急信访事项和信访信息，应及时向政府和上一级供电企业汇报，并及时向公安机关报案，果断处理，防止不良影响的发生、扩大。

四、涉电越级非法上访受行政拘留处罚的参考案例

案例 1：反映单位用工问题越级上访被行政拘留七日

案号：（2016）晋 0227 行初 21 号、（2016）晋 02 行终 68 号、（2017）

晋行申 255 号

2016 年 3 月 26 日，原告与同事共 21 人为反映单位用工问题到北京走访。2016 年 4 月 1 日，原告等 21 人在北京走访、滞留，被北京市公安局民警查获并训诫。之后原告被送到北京市某接济服务中心。后被解劝接返回。2016 年 4 月 1 日，县公安局接县信访局移送，于 4 月 2 日受理原告扰乱公共秩序案，进行调查取证，向原告询问情况，当场制作询问笔录，履行了处罚前告知义务。同日，县公安局作出行政处罚决定书，对原告行政拘留七日。行政处罚执行完毕后，原告不服，提起行政诉讼，未获法院支持。

案例 2：解除劳动合同纠纷到越级上访被行政拘留十日并罚款

案号：（2016）冀 0229 行赔初 8 号

原告原系县供电公司员工，因与供电公司解除劳动关系发生纠纷。自 2012 年 5 月以来，原告到各级信访部门上访未果后，分别于 2016 年 7 月 15 日、7 月 23 日、8 月 3 日到北京市中南海周边非信访地区上访，均被北京市民警查获，送至北京市某接济服务中心，后被镇政府的工作人员接回。2016 年 8 月 29 日，县供电公司工作人员报警称原告到北京市中南海周边非信访地区上访。被告县公安局于 2016 年 8 月 29 日立案，于 2016 年 9 月 8 日作出对原告行政拘留十日并处罚款 500 元的处罚决定并送达。原告不服该公安行政处罚决定，提起行政赔偿诉讼，请求县公安局赔偿 52923 元。法院驳回原告的赔偿请求。

案例 3：阻挠高压线路施工及送电被行政拘留七日

案号：（2015）普行初字第 27 号、（2015）大行终字第 264 号

2013 年 5 月，第三人某电力有限公司开工建设变电所配出工程线路，该线路需经过原告经营的水泥制品厂厂区上空。当施工人员在原告厂区附近埋设电线杆时，原告与施工人员发生争执，经办事处等部门领导协调，原告虽未完全同意埋杆架线，但也未予阻止。2013 年 5 月，施工人员欲架设电线时，原告又到现场阻止，后经协调，施工人员将原告厂区上空电线架设完毕。2013 年 6 月，在该线路工程施工过程中，原告在自己的院内用一根 10 米长的铁棍接触在电线上，用一根 10 米长的铁线将两根电线系在一起，阻挠电业部门正常供电，经第三人工作人员多次劝说无果。2013 年 8 月 20 日，第三人将变电所配出工程线路全部施工完

毕，但因原告的阻挠行为，致使该线路不能正常供电。2014 年 1 月 6 日，第三人以原告无理阻挠和干扰送电工作，向被告某公安分局报案。被告受案后，经过调查取证，向原告说明利害关系，原告仍未拆除系在案涉高压线上的铁棍及铁线。被告在对具体损失额无法作出评估，不能作为刑事案件处理后，于 2014 年 11 月 13 日作出行政处罚决定书，给予原告行政拘留七日的行政处罚。原告不服该处罚，于 2015 年 1 月 21 日申请行政复议，行政复议维持原行政处罚决定。原告诉至法院。一审法院认为，原告认为第三人架设高压线危及其生命、财产安全，应当通过正当渠道、采取合法手段予以解决，采取阻碍供电的极端手段，违反了《电力法》第七十条的相关规定。一审驳回原告诉讼请求。二审维持原判。

案例 4：因架设高压线路引发纠纷越级非法上访被行政拘留十日

案号：（2015）沛行初字第 0033 号、（2015）徐行终字第 00224 号、（2017）苏行申 448 号

2014 年 3 月 3 日原告与县供电公司因架设高压线路引发纠纷到北京非访。2014 年 3 月 4 日县公安局作出行政处罚决定，决定给予被告行政拘留五日的处罚。2014 年 5 月 27 日，原告与县供电公司自愿协商达成协议，主要内容：县供电公司赔偿原告 135000 元，赔偿款分三次付清，协议签订后，原告自愿放弃针对此事诉讼及上访的权利等。原告于 2015 年 3 月 3 日携带上访材料在北京非法上访时，被北京市公安机关带离，2015 年 3 月 4 日被接回。2015 年 3 月 4 日县公安局对原告到北京上访作为治安案件予以立案，决定给予原告行政拘留十日的处罚。县公安局对其实施了行政拘留。原告不服该行政处罚，提起诉讼。一审法院认为，被告依据有关书证、当事人陈述、证人证言等证据认定原告扰乱公共场所秩序，基本事实清楚，定性准确，处罚程序合法，适用法律正确，判决驳回原告诉讼请求。二审维持原判。原告申请再审被驳回。

第三节　窃电处理与立法建议

一、参考案例

案例 1：根据推算的窃电时间计算窃电数额不能认定为犯罪数额，

二审改判窃电者无罪

案号：（2014）锦刑二终字第 00146 号

被告人王某某与爱人谷某某开设"平价店"从事个体经营。2011 年 11 月 14 日 9 时许，供电公司用电稽查队工作人员韩某某、韩某甲、杨某某三人在"平价店"进行用电检查时，发现被告人王某某的电表盘未转，遂留下韩某某一人监视，韩某甲、杨某某二人进入该户屋内检查用电设备，当二人进入室内表明身份后，谷某某立即将检查员韩某甲抱住，另一只手拉住检查员杨某某的工具兜，阻拦二人不让进入室内。同时，坐在床上的被告人王某某立即跑进东屋，迅速拨下窃电的电源线，当二人挣脱进入室内时，被告人王某某已经将窃电现场破坏。2014 年 6 月 26 日，经省电能计量器具检定站检定，被告人王某某窃电行为为绕越用电计量装置用电，窃电量为 10583.28 千瓦时。经价格认证中心鉴定窃电价值为人民币 7458.37 元。

原审法院认为，被告人王某某以非法占有为目的，采用绕越供电企业用电计量装置手段，秘密窃取供电公司电能，数额较大，其行为已构成盗窃罪，判决被告人王某某犯盗窃罪，判处有期徒刑七个月，并处罚金 14000 元。

二审法院认为，原公诉机关指控原审被告人王某某犯盗窃罪的事实不清，证据不足。原审判决依据锦凌价鉴字（2014）第 017 号重新价格鉴定意见书认定王某某窃电价值为人民币 7458.37 元，其鉴定标的窃电量 10583.28 千瓦时系省电能计量器具检定站出具的关于供电分公司电能被盗窃案所窃电量的鉴定意见书中根据相关规定推算的窃电时间计算得出。但该鉴定意见书对王某某窃电时间的认定及计算缺乏事实依据，依法不能作为定案的依据。综合全案证据，不能确定上诉人王某某的窃电量及犯罪数额，原公诉机关指控原审被告人王某某犯盗窃罪的事实不清，证据不足，指控的罪名依法不能成立。改判王某某无罪。

案例 2：窃电数额计算采纳电网内部系统数据，但未按三倍违约使用电费定罪

案号：（2018）皖 0603 刑初 55 号

2016 年 4 月至 7 月，为维持比特币"挖矿机"的运转，被告人徐某在未经电力部门许可的情况下，在出租房内私接电线窃取电能。供电公司查获后，因窃电时间无法查清，按照《供电营业规则》等有关规

定，窃电日数以 180 天计算，根据现场发现的窃电设备的负荷以及违约金计算出合计损失约 596826.6 元。公安局出具的关于被盗电能价值计算的情况说明，证明：经核实案件事实，结合供电部门的电能计算说明，对徐某所盗电能价值具体计算为现场实测电流容量 44.32 千瓦，每日盗电时间为 24 小时，盗电日数为 90 日，居民生活用电价格为 0.5653 元/千瓦时，故徐某所盗电能价值为 44.32 千瓦×24 小时×90 日×0.5653 元＝54116.8474 元。法院认为：被告人徐某盗窃电能价值为 54116.84 元，有供电公司出具的追补电费及违约使用电费的计算说明、省物价局关于调整电价有关问题的通知、关于被盗电能价值计算的情况说明及电信分公司出具的相关材料等证据相互印证，足以认定。判决被告人徐某犯盗窃罪，判处有期徒刑二年六个月，缓刑三年，并处罚金人民币 6 万元。

案例 3：盗窃电能按实际电费损失认定盗窃数额，未采用三倍违约使用电费

案号：（2018）黔 0423 刑初 161 号

2017 年 2 月，辜某户电能表损坏，其遂绕越电能表，私自从供电线路直接搭线用电，实施窃电行为。2018 年 6 月 18 日，县供电局工作人员在发现辜某户上述窃电行为，遂进行断电。供电公司认为窃电用户应支付电费及违约使用电费，证实经现场取证记录统计，被告人辜某户居民生活用电设施负荷 18.89 千瓦，非专业用电设施负荷 28.75 千瓦；居民生活用电追补电量、追补电费及违约使用电费合计人民币 37179.16 元；非工业用电追补电量、追补电费及违约使用电费合计人民币 177456.96 元，以上共计人民币 214636.12 元。电力工程司法鉴定中心鉴定，2017 年 2 月 10 日至 2018 年 6 月 18 日，辜某 1 户窃电量为 12623 千瓦时，电费损失为 8344 元。法院按照鉴定意见认定窃取电量价值 8344 元。判决被告人辜某犯盗窃罪，判处有期徒刑九个月，并处罚金人民币 2000 元；责令被告人辜某退赔供电局经济损失人民币 8344 元。

二、法律分析

（一）法律规定

《刑法》

第二百六十四条　【盗窃罪】盗窃公私财物，数额较大的，或者多次

盗窃、入户盗窃、携带凶器盗窃、扒窃的，处三年以下有期徒刑、拘役或者管制，并处或者单处罚金；数额巨大或者有其他严重情节的，处三年以上十年以下有期徒刑，并处罚金；数额特别巨大或者有其他特别严重情节的，处十年以上有期徒刑或者无期徒刑，并处罚金或者没收财产。

（二）立案标准

根据 2013 年 4 月 4 日起施行的最高人民法院、最高人民检察院《关于办理盗窃刑事案件适用法律若干问题的解释》法释〔2013〕8 号，盗窃公私财物价值一千元至三千元以上、三万元至十万元以上、三十万元至五十万元以上的，应当分别认定为《刑法》第二百六十四条规定的"数额较大""数额巨大""数额特别巨大"。

各省、自治区、直辖市高级人民法院、人民检察院可以根据本地区经济发展状况，并考虑社会治安状况，在前款规定的数额幅度内，确定本地区执行的具体数额标准，报最高人民法院、最高人民检察院批准。

三、相关法律问题

窃电查处，是指按照相关规则，预防打击非法使用电能、非法侵占电能等违法行为的活动，是公安部门、电力管理部门和供电企业维护供用电秩序、改善电力供应与使用环境的重要工作内容。供电企业在窃电查处方面存在的疑惑主要有：

（一）窃电数量认定依据不足

普通盗窃罪的定罪与量刑均以数额为依据，但电能的特殊性决定了盗窃电能的数量无法实际测量。为此，《供电营业规则》第一百零三条采用推定原则计算窃电量：

一是在供电企业的供电设施上，擅自接线用电的，所窃电量按私接设备额定容量（千伏安视同千瓦）乘以实际使用时间计算确定。该规定在窃电者实际使用的设备容量小于额定容量的情况下，扩大了盗窃电能的数量。

二是窃电时间无法查明时，窃电日数至少以一百八十天计算，每日窃电时间：电力用户按 12 小时计算；照明用户按 6 小时计算。

审判实务中，运用推定方式计算的窃电量往往不被窃电当事人及法院认可。本节前文的 3 个案例均有这种情况。但从民事裁判案例看，如本节文后参考案例 1，法院还是认可民事协议中的三倍违约使用电费的。这是因为，我国《刑事诉讼法》明确规定，刑事证据必须具有客观性、关联性、合法性，且必须坚持疑罪从无、罪刑法定的原则。依据《供电营业规则》推定出的窃电时间和窃电量，不符合刑事证据客观真实性的要求；推定的窃电量可能超过实际的窃电量，也与刑法中"疑罪从无"的精神不相符合。

目前供电企业高压用户安装的负控终端、智能电表的数据采集频度和准确性都很高，低压用户安装的采集终端也正逐步改造升级，满足负荷数据按小时采集的要求，所以在技术上可以通过计算得到接近事实的窃电量，结合其他证据如当事人供述等形成证据链，一定程度上可以弥补窃电期间和窃电数额仅靠推定的不足，但因为是供电企业的单方证据，也较难获得其他当事各方的认可。

（二）窃电行为认定依据不足

根据《电力供应与使用条例》第三十一条、《供电营业规则》第一百零一条，窃电行为包括 6 种情况：

（1）在供电企业的供电设施上，擅自接线用电；

（2）绕越供电企业的用电计量装置用电；

（3）伪造或者开启法定的或者授权的计量检定机构加封的用电计量装置封印用电；

（4）故意损坏供电企业用电计量装置；

（5）故意使供电企业的用电计量装置计量不准或者失效；

（6）采用其他方法窃电。

随着科技的发展，窃电方法已有 70 多种，目前规定的 6 种已无法全部囊括。对实务中长期困扰供电企业的超容用电逃避基本电费、通过科技手段改变变比等明显以少交基本电费为目的之行为，以及传授窃电方法和提供窃电装置的第三人是否可以作为窃电共犯处理，无明确规定。

（三）三倍违约使用电费与上位法及合同现状有冲突

根据《供电营业规则》第一百零二条，窃电者应按所窃电量补交电费，并承担补交电费三倍的违约使用电费。该规定在具体执行中存在较大冲突：一是无权约定。窃电也是盗窃，盗窃行为不能由双方约定处理。

供用电合同中可以对窃电量的计算、处理程序作出约定，但不能对如何处罚作出约定。二是数额过大。根据最高人民法院《关于适用〈中华人民共和国合同法〉若干问题的解释（二）》第二十九条，约定的违约金超过 30%视为"过分高于造成的损失"，因此三倍的违约使用电费可能存在"过分高于造成的损失"而被法院调整的风险。

四、立法建议

窃电行为严重扰乱了供用电市场秩序，因此必须依法严厉查处、打击窃电行为。为了维护供电企业的合法权益，保持良好的供用电秩序，切实保护国有资产不被非法侵犯，建议从立法和合约等方面，加强窃电法律关系的研究。

（一）从立法层面扩大窃电的种类

湖北、山东等地，以地方立法的形式，明确了使用非法用电充值卡或者非法使用用电充值卡占用电能的、实行两部制电价用户私自增加电力容量的、擅自变更计量用电压互感器和电流互感器变比等计量设备参数造成电费损失等行为属于窃电。但是，依据我国《立法法》第七条、第八条、第九条规定，犯罪与刑罚作为刑事法律制度的一个有机组成部分，对其进行相关规定的立法权限为全国人大与人大常委会的专属立法权，地方立法机关并不具备相应的立法权，以上地方立法也不符合《立法法》关于专属立法权的原则。因此，建议在更高层面慎重考虑 6 种以外窃电行为的现实危害性，在立法层面解决确系窃电的行为入刑问题。

（二）从立法和合同层面调整三倍违约使用电费的适用

违约使用电费属于民事责任的范畴。刑事判决一般不认可窃电的三倍违约使用电费，而是以实际损失计算盗窃金额。窃电的数额直接关系到窃电人的定罪和量刑。而民事案例也有认可三倍违约使用电费的。一方面，建议立法层面对以超变压器容量达到少交基本电费目的等行为列入窃电的范畴；另一方面，在少交基本电费的各种行为被列入窃电的前提下，建议供电企业对其他违约行为所产生的违约使用电费，按照最高人民法院《关于适用〈中华人民共和国合同法〉若干问题的解释（二）》第二十九条，在《供用电合同》中给予相应的调整。

五、窃电处理的民事参考案例

案例 1：一审将超容用电的违约使用电费由三倍调整为 1.3 倍，二审改判回 3 倍

案号：（2008）玉民二初字第 1818 号、（2009）浙台商终字第 398 号

2008 年 7 月，原告在对用电日常管理中发现被告存在私自更换变压器及增容的事实，被告对此也认可，但双方对私自增加变压器容量的时间存在争议。原告诉至法院，要求被告支付基本电费 23520 元，违约用电的违约金 70560 元，擅自安装变压器违约使用电费 5000 元，合计人民币 99080 元。被告认为三倍违约金过高，要求法院依法调整。

一审法院认为，双方关于被告承担三倍违约使用电费的约定，其性质为违约金条款，按照合同法第一百一十四条，违约金过分高于造成的损失的，当事人可以请求人民法院予以适当减少，而按照最高人民法院《关于适用〈中华人民共和国合同法〉若干问题的解释（二）》，双方约定的违约金超过损失额 30%的，可以认定为约定的违约金过高，本案双方约定的违约金为追缴的基本电费的 3 倍，而原告又没有举证证明存在其他损失，则参照未支付的基本电费，应当认定合同中约定的违约金过分高于造成的损失，被告请求予以减少，本院予以支持，以追缴的基本电费的 1.3 倍计算违约金为宜，即 30576 元。

二审法院认为，《供电营业规则》系电力工业部于 1996 年 10 月 8 日颁布施行的部门规章，其中第一百条国家对危害供用电安全、扰乱正常供用电秩序的行为作出的处罚性规定，故该规定中的违约金具有法定性与强制性，不属于《合同法》第一百一十四条规定的可依当事人申请由人民法院或仲裁机构进行调整的约定性违约金。改判撤销一审判决，由被告支付给基本电费 17480 元，违约金 57440 元，合计人民币 74920 元。

案例 2：窃电后补交电费并支付三倍违约使用电费，以受胁迫为由要求撤销未获法院支持

案号：（2012）常商终字第 126 号、（2013）苏商申字第 451 号

2011 年 4 月 1 日，供电公司在用电检查时发现机械厂管理责任分界点内总表上存在三相计量电流互感器二次连接线被短接的窃电行为，遂向公安机关报警，并对机械厂停止供电和出具窃电处理通知单。通知单

主要内容为机械厂用电已构成窃电，停止供电并请机械厂于 2011 年 4 月 2 日前，带检查书 1 份到供电公司客户服务中心接受处理。2011 年 4 月 18 日，机械厂向供电公司出具检查书 1 份，主要内容为机械厂在使用电力过程中未按供电公司要求对配电间严格管理，导致一用户窃电，对供电公司造成的损失表示歉意并保证今后加强对配电间的监督管理。同日，供电公司对上述窃电行为作出处理意见，确定机械厂应补电费 607072 元，并处违约使用电费 1821216 元。同日，供电公司（甲方）与机械厂（乙方）签订付款协议 1 份，载明乙方采用分期付款方式补交电费 607072 元，并处三倍违约使用电费 1821216 元。

机械厂按付款协议约定向供电公司支付 1821216 元后，于 2011 年 8 月 30 日诉至法院，以司法机关未对窃电者和窃电金额作出认定，供电公司无权要求民事赔偿；签订付款协议和交款均受供电公司中止供电的胁迫为由，请求判令撤销机械厂与供电公司签订的付款协议。

一审、二审、再审法院均不支持机械厂的诉讼请求。

案例 3：窃电现场处理不当，违约使用电费无法主张

案号：（2014）汕陆法民一初字第 226 号、（2015）汕尾中法民二终字第 13 号/（2014）汕陆法民一初字第 245 号、（2016）粤 15 民终 304 号

2014 年 9 月 26 日，某供电局工作人员到某电杆查电，认为附近的某酒店存在窃电行为，遂向该酒店送达了一份没有写明具体整改、处理内容的《用电检查结果通知书》，并于当日拆除了酒店的用电计量装置（电能表），停止向酒店供电。酒店自行发电 3 天后发电机发生爆炸，于 2014 年 9 月 30 日自行架线用电，并参照上一年度同期缴费标准逐月将电费汇入供电局收费专用账户，供电局也未将酒店的缴费退回，该状态持续至 2015 年 1 月 20 日。

该案共涉及 4 个诉讼。

酒店请求供电局赔偿 2014 年 9 月 29 日餐室因停电造成客人未结账走掉损失、客房退房损失及 KTV 房客人未结账走掉损失共计 92404 元。一审法院判决供电局于判决生效之日起三日内恢复对酒店的供电，赔偿酒店因断电造成的经济损失人民币 20000 元。二审法院维持一审关于供电局于判决生效之日起三日内恢复对酒店的供电的判决项，撤销一审关于供电局赔偿酒店因断电造成的经济损失人民币 20000 元的判决项。

供电公司以酒店两次窃电为由，诉至法院请求酒店支付电费2277871.32元及违约金6833613.96元。一审法院认为，供电局没有证据证明酒店2014年9月26日前是否存在窃电，酒店自行接线通电行为虽然不符合用电规则，但该行为与明显和以少交或者不交电费为目的，采取不计量或少计量的手段非法占有电能的窃电行为不符，不属于窃电，驳回供电局的诉讼请求。二审维持原判。

案例4：发现窃电未通知当事人，承担50%的断电损失责任

案号：（2013）东民商初字第640号、（2014）张商终字第218号

2011年12月18日，被告为锦绣花园小区更换智能电表时发现原告赵某所购房屋的电表电压钩人为脱落，在未通知用户到场的情况下，自行拍照取证，并认定该用户存在窃电行为。在更换了新电表之后对该用户进行了断电行为，并作出补交电费及罚金的决定。后双方对断电及罚款事项进行协商，但未达成一致意见。2012年3月2日原告将房屋出租给兰某，后因该房屋一直不能通电，房屋无法使用，兰某要求原告退还房租80000元，赔偿违约金20000元。原告认为其退还兰某的100000元系被告私自断电所致。一审法院认为，被告工作人员在只有其单方面在场的情况下自行拍摄照片取证，认定赵某窃电行为存在程序瑕疵，应承担70%，即70000元的经济损失。二审法院认为，在用电问题没有解决之前，赵某明知房屋不能通电而将房屋出租他人，导致租赁合同不能履行是可预见的，因此租金损失应自行承担。但供电公司发现有窃电行为或损坏自己利益的行为发生时应及时通知侵权人。结合双方的过错程度，由供电公司承担因租赁合同不能履行产生违约金20000元的50%，即赔偿10000元的经济损失。

案例5：无法确定窃电行为人，实际使用人承担责任

案号：（2014）牡商终字第101号、（2015）黑高民申二字第563号

2012年7月13日，被告某供电公司用电检查人员发现某饭店电表铅封并非供电公司专用，而且电表B相失压灯闪烁，显示电能表有问题，通知饭店实际经营人崔某到现场并将表盒打开，发现该电能表B相断开、C相虚接，B相累计计量电量为0.00千瓦时，该情形符合《黑龙江省反窃电条例》规定的窃电行为，但无证据证明是何人改动了该电能表。饭店缴纳电费79150.63元后，以受胁迫为由诉至法院，要求返还所交电费。

一审、二审、再审法院认为供电公司程序合法，原告未提供充分证据佐证供电公司有胁迫行为，驳回原告诉讼请求。

第四节　电力设施保护与破坏电力设备罪

一、参考案例

案例1：盗窃正在使用的变压器铜芯构成破坏电力设备罪

案号：（2018）豫 01 刑终 1253 号

2017 年 6 月 16 日凌晨，被告人陈某甲、陈某乙经预谋后，驾驶一辆灰色小型货车，到某村北四环南边的一个正在使用的变压器房内，用木棍将电闸拉下，变压器拆开，取出变压器内的铜芯，后被群众发现，被告人陈某甲、陈某乙弃车逃跑。经价格认证中心认定，变压器铜芯价值 2280 元。一审以破坏电力设备罪分别判处陈某甲、陈某乙各有期徒刑二年零五个月。二审驳回上诉，维持原判。

案例2：盗窃正在使用的变压器构成破坏电力设备罪

案号：（2011）崇刑初字第 385 号

2007 年 5 月 10 日夜，被告人申某伙同孙某（另案处理）携带大力钳、扳手等作案工具，至本县某大队机口，窃得正在使用中的价值人民币 7200 元的变压器一只。2007 年 8 月 6 日 21 时许，被告人申某伙同孙某由陈某（另案处理）驾车至某公司实施盗窃，窃得正在使用中的价值人民币 18500 元的变压器一只，后将变压器上的计价值人民币 12098 元的线圈、电缆线拆下，由陈某将赃物运走，其在途中被公安机关抓获。法院判决被告人申某犯破坏电力设备罪，判处有期徒刑三年，与其他罪行数罪并罚。

案例3：盗窃正在通电的路灯电缆构成破坏电力设备罪

案号：（2019）粤 20 刑终 119 号

2018 年 8 月至 9 月期间，被告人潘某在某大桥附近路段，先后六次盗窃正在通电的路灯电缆线，共计盗得电缆线 171 米（共价值人民币 5900 元）。同年 9 月 14 日凌晨，潘某再次到该处盗窃电缆线未果，在离开现场时被预伏的公安人员抓获。一审判决被告人潘某犯破坏电力设备罪，判处有期徒刑三年三个月。二审驳回上诉，维持原判。

案例 4：点燃正在使用的配电箱构成破坏电力设备罪

案号：（2019）川 0802 刑初 152 号

被告人王某因生活不顺，便产生报复社会的想法。2018 年 10 月 18 日 3 时许，被告人王某，采用点燃纸屑引燃配电箱的方式，故意烧毁 4 个正在使用的配电箱（经价格认证价值人民币 12828 元），导致附近住户停电。同日 22 时许，被告人王某又采用同样方式故意引燃某路 168 号正在使用的配电箱，导致该配电箱所接变压器内部爆炸损坏。致使市区大面积停电，造成设备损失人民币 32124 元（经价格认证，其中变压器一台价值人民币 26274 元；计量采集装置一套价值人民币 525 元；JP 柜一面价值人民币 5325 元）。法院判决被告人王某犯破坏电力设备罪，判处有期徒刑三年。

二、法律分析

（一）关键法条

《刑法》

第一百一十八条 【破坏电力设备罪】【破坏易燃易爆设备罪】破坏电力、燃气或者其他易燃易爆设备，危害公共安全，尚未造成严重后果的，处三年以上十年以下有期徒刑。

第一百一十九条 【破坏交通工具罪】【破坏交通设施罪】【破坏电力设备罪】【破坏易燃易爆设备罪】破坏交通工具、交通设施、电力设备、燃气设备、易燃易爆设备，造成严重后果的，处十年以上有期徒刑、无期徒刑或者死刑。

最高人民法院《关于审理破坏电力设备刑事案件具体应用法律若干问题的解释》（法释〔2007〕15 号）

第四条 本解释所称电力设备，是指处于运行、应急等使用中的电力设备；已经通电使用，只是由于枯水季节或电力不足等原因暂停使用的电力设备；已经交付使用但尚未通电的电力设备。不包括尚未安装完毕，或者已经安装完毕但尚未交付使用的电力设备。

（二）量刑标准

根据最高人民法院《关于审理破坏电力设备刑事案件具体应用法律

若干问题的解释》（法释〔2007〕15 号）第一条，破坏电力设备，具有下列情形之一的，属于刑法第一百一十九条第一款规定的"造成严重后果"，以破坏电力设备罪判处十年以上有期徒刑、无期徒刑或者死刑：

（一）造成一人以上死亡、三人以上重伤或者十人以上轻伤的；

（二）造成一万以上用户电力供应中断六小时以上，致使生产、生活受到严重影响的；

（三）造成直接经济损失一百万元以上的；

（四）造成其他危害公共安全严重后果的。

该解释第二条规定，盗窃电力设备，危害公共安全，但不构成盗窃罪的，以破坏电力设备罪定罪处罚；同时构成盗窃罪和破坏电力设备罪的，依照刑法处罚较重的规定定罪处罚。

（三）相关界限

（1）本罪与盗窃罪的界限。破坏电力设备罪与盗窃罪的界限出于非法占有之目的，盗窃正在使用中的电力设备，危害公共安全的，应当以本罪论处。盗窃电力设备，没有危及公共安全，但应当追究刑事责任的，可以根据案件的不同情况，按照盗窃罪等犯罪处理。同时最高人民法院《关于盗窃案件具体应用法律若干问题的解释》第 12 条第 2 项规定，盗窃使用中的电力设备，同时构成盗窃罪和破坏电力设备罪的，择一重罪处罚。如果盗窃库存的或者废弃的线路上的电线的，则应定为盗窃罪。

（2）本罪与故意毁坏财物罪的界限。本罪所涉及的电力设备必须正在使用。要认定某一破坏电力设备的行为是构成破坏电力设备罪，还是构成故意毁坏财物罪，主要是看被破坏的电力设备是否处于正在使用中，破坏电力设备的行为是否危及公共安全。如果行为人破坏库存的电力设备、废弃不用的电力设备、生产过程中的电力设备或修理过程中的电力设备，则不构成破坏电力设备罪。

三、防范要点

电力设施是电力系统赖以运行的载体，也是发电、输电、供电和用电不可或缺的物质基础。任何电力设备损坏都可能中断电力供应和使用，影响一定范围的正常供电。在具体操作过程中，供电企业对盗窃、毁坏等方式破坏电力设备行为的惩治力度还有待进一步加大。

（一）及时寻求行政执法保护

对电力设施的行政执法保护工作应做在平时。要争取地方政府领导的高度重视，针对当地危害电力设施安全的突出问题，利用电力设施保护工作领导小组或其办公室的名义，出台有关电力设施保护的政府规范性文件，发布有关通告、通知、规定等，并及时向当地政府或政府有关部门报送关于电力设施保护情况或隐患的书面报告，共同营造保护电力设施的良好社会氛围。

（二）发生案件后应及时寻求刑事法律保护

破坏电力设施的情况比较复杂，如本节案例1、案例2、案例3，是以盗窃电力设备为目的，造成了破坏了电力设备的后果，而案例4则纯粹是为了报复社会而毁坏电力设备。因此，《刑法》将破坏电力设备罪列在概括性罪名"危害国家安全罪"中。同时根据最高人民法院《关于审理破坏电力设备刑事案件具体应用法律若干问题的解释》等相关法律法规，对以盗窃、毁坏等方式破坏电力设备罪的处罚，远高于普通的盗窃罪和故意毁坏财物罪。供电企业应充分认识到破坏电力设备的严重社会危害性，及时发现、制止外力破坏行为，协助公安、司法机关加大对破坏电力设备行为的处罚力度。在追究刑事责任的同时还可以根据所遭受的经济损失向加害人提起附带民事诉讼，最大限度挽回破坏电力设备行为给供电企业造成的损失。

附录一　本书依据的主要法律法规、司法解释及参考文献

一、法律条文

中华人民共和国刑法

我国现行刑法于 1997 年 3 月 4 日由全国人大常委会颁布。之后通过一个决定和十个修正案进行修改、补充。刑法修正案（十）于 2017 年 11 月 4 日由第十二届全国人民代表大会常务委员会第三十次会议通过。《刑法》包括总则、分则、附则三部分，共 10 章 452 条。

《中华人民共和国刑法》是规定犯罪、刑事责任和刑罚的法律，是掌握政权的统治阶级为了维护本阶级政治上的统治和各阶级经济上的利益，根据自己的意志，规定哪些行为是犯罪并且应当负何种刑事责任，并给予犯罪嫌疑人何种刑事处罚的法律规范的总称。

中华人民共和国刑事诉讼法

《中华人民共和国刑事诉讼法》于 1979 年 7 月 1 日经第五届全国人民代表大会第二次会议通过，自 1980 年 1 月 1 日起施行。2018 年 10 月 26 日十三届全国人大常委会第六次会议第三次修订。共 5 篇 308 条。是为了保证刑法的正确实施，惩罚犯罪，保护人民，保障国家安全和社会公共安全，维护社会主义社会秩序，根据宪法，制定的法律。

中华人民共和国安全生产法

《中华人民共和国安全生产法》经 2002 年 6 月 29 日第九届全国人民代表大会常务委员会第二十八次会议通过，自 2002 年 11 月 1 日起施行，经 2009 年 8 月 27 日、2014 年 8 月 31 日两次修正。共 7 章 114 条。规定了生产经营单位的安全生产保障、从业人员的安全生产权利义务、安全生产的监督管理、生产安全事故的应急救援与调查处理、法律责任等内容。供电企业作为生产经营单位同样适用《中华人民共和国安全生产法》。

中华人民共和国电力法

《中华人民共和国电力法》经 1995 年 12 月 28 日第八届全国人民代表大会常务委员会第十七次会议通过，于 2009 年 8 月 27 日、2015 年 4

月 24 日两次修正，共 10 章 75 条。《电力法》是我国电力法律法规体系的核心部分，适用于电力建设、生产、供应和使用活动，是制订电力行业其他法律法规的重要依据。

中华人民共和国会计法

《中华人民共和国会计法》自 2000 年 7 月 1 日起施行，2017 年 11 月 4 日经第十二届全国人民代表大会常务委员会第三十次会议第二次修订。是为了规范会计行为，保证会计资料真实、完整，加强经济管理和财务管理，提高经济效益，维护社会主义市场经济秩序，制定的法律。共 7 章 52 条。

二、行政法规

信访条例

《信访条例》自 2005 年 5 月 1 日起施行。是为了保持各级人民政府同人民群众的密切联系，保护信访人的合法权益，维护信访秩序而制定的法规。共 6 章 51 条。

建设工程质量管理条例

《建设工程质量管理条例》自 2000 年 1 月 30 日起施行。是为了加强对建设工程质量的管理，保证建设工程质量，保护人民生命和财产安全，根据《中华人民共和国建筑法》，制定的条例。凡在中华人民共和国境内从事建设工程的新建、扩建、改建等有关活动及实施对建设工程质量监督管理的，必须遵守本条例。共 9 章 82 条。

生产安全事故报告和调查处理条例

《生产安全事故报告和调查处理条例》自 2007 年 6 月 1 日起施行。是为了规范生产安全事故的报告和调查处理，落实生产安全事故责任追究制度，防止和减少生产安全事故，根据《中华人民共和国安全生产法》和有关法律而制定本条例。共 6 章 46 条。

电力安全事故应急处置和调查处理条例

《电力安全事故应急处置和调查处理条例》自 2011 年 9 月 1 日起施行。因电力安全事故难以完全适用《生产安全事故报告和调查处理条例》的规定，特制订该条例，对电力安全事故的应急处置和调查处理作出有针对性的规定。共 6 章 37 条。

三、司法解释

最高人民法院、最高人民检察院、公安部、国家安全部、司法部《关于建立犯罪人员犯罪记录制度的意见》（法发〔2012〕10号），2012年5月10日发布。

全国人民代表大会常务委员会《关于〈中华人民共和国刑法〉第九章渎职罪主体适用问题的解释》，2002年12月28日经九届全国人大常委会第三十一次会议通过。

最高人民法院《关于贯彻宽严相济刑事政策的若干意见》（法发〔2010〕9号），2010年2月8日发布。

最高人民法院、最高人民检察院《关于办理职务犯罪案件认定自首、立功等量刑情节若干问题的意见》（〔2009〕13号），2009年3月12日发布。

最高人民法院、最高人民检察院《关于办理危害生产安全刑事案件适用法律若干问题的解释》（法释〔2015〕22号），自2015年12月16日起施行。

最高人民法院、最高人民检察院《关于办理贪污贿赂刑事案件适用法律若干问题的解释》（法释〔2016〕9号），2016年4月18日起施行。

最高人民检察院、公安部《关于公安机关管辖的刑事案件立案追诉标准的规定（一）》（公通字〔2008〕36号），2008年6月25日发布。

最高人民检察院、公安部《关于公安机关管辖的刑事案件立案追诉标准的规定（二）》，2010年5月7日发布。

最高人民检察院《关于渎职侵权犯罪案件立案标准的规定》附则（三）（检发释字〔2006〕2号），2006年7月26日发布。

最高人民检察院《关于人民检察院直接受理立案侦查案件立案标准的规定（试行）》（高检发释字〔1999〕2号），1999年8月6日最高人民检察院第九届检察委员会第41次会议通过。

最高人民法院《关于审理挪用公款案件具体应用法律若干问题的解释》（法释〔1998〕9号），自1998年5月9日起施行。

最高人民法院、最高人民检察院《关于办理盗窃刑事案件适用法律若干问题的解释》（法释〔2013〕8），自2013年4月4日起施行。

最高人民法院《关于审理破坏电力设备刑事案件具体应用法律若干

问题的解释》（法释〔2007〕15号），自2007年8月21日起施行。

最高人民法院《关于审理单位犯罪案件具体应用法律有关问题的解释》（法释〔1999〕14号），1999年6月18日发布。

最高人民检察院、公安部《关于经济犯罪案件追诉标准的规定》（公发〔2001〕11号），2001年4月18日发布。

最高人民法院、最高人民检察院《关于办理国家出资企业中职务犯罪案件具体应用法律若干问题的意见》（法发〔2010〕49号），2010年11月26日发布。

最高人民法院、最高人民检察院《关于办理受贿刑事案件适用法律基本问题的意见》（法发〔2007〕22号），2007年7月8日发布。

最高人民法院《关于在国有资本控股、参股的股份有限公司中从事管理工作的人员利用职务便利非法占有本公司财物如何定罪问题的批复》》（法释〔2001〕17号），2001年5月26日发布。

最高人民法院、最高人民检察院《关于执行（关于惩治贪污罪贿赂罪的补充规定）若干问题的解答》（法〔研〕发〔1989〕35号），1989年11月6日发布。

最高人民法院《全国法院审理经济犯罪案件工作座谈会纪要》（法〔2003〕167号），2003年11月13日发布。

最高人民法院《全国法院审理金融犯罪案件工作座谈会纪要》（法〔2001〕8号），2001年1月21日发布。

四、部门规章

《中央企业投资监督管理办法》（国资委令第34号），2017年1月7日发布。

《中央企业违规经营投资责任追究实施办法》（国资委令第37号），2018年7月13日发布。

《国有资产产权界定和产权纠纷处理暂行办法》，国有资产管理局1993年12月21日发布。

五、规范性文件

《中共中央　国务院关于深化国有企业改革的指导意见》（中发〔2015〕

22 号），2015 年 8 月 24 日发布，是新时期指导和推进中国国企改革的纲领性文件。

《国务院关于改革和完善国有资产管理体制的若干意见》（国发〔2015〕63 号），2015 年 11 月 04 日发布。

《中共中央 国务院关于进一步深化电力体制改革的若干意见》（中发〔2015〕9 号），2015 年 3 月 15 日发布。

《国务院关于推进国有资本投资、运营公司改革试点的实施意见》（国发〔2018〕23 号），2018 年 7 月 14 日发布。

《国务院改革国有资本授权经营体制方案》的通知（国发〔2019〕9 号），2019 年 4 月 19 日发布。

《国务院国资委授权放权清单（2019 年版）》（国资发改革〔2019〕52 号），2019 年 6 月 3 日发布。

六、行业标准

《110kV～750kV 架空输电线路设计规范》（中华人民共和国电力行业标准 GB 50545—2010）。

七、相关文献

（一）司法考试大纲

司法考试大纲由中华人民共和国司法部制定并唯一授权法律出版社独家出版。

（二）国家司法考试辅导用书

为配合考生复习备考，由国家司法考试辅导用书编辑委员会依据大纲组织编写的《国家司法考试辅导用书》，与大纲同时出版发行。

附录二　供电企业相关的其他法律法规

一、法律

民法总则与民法通则

《中华人民共和国民法通则》经 1986 年 4 月 12 日第六届全国人民代表大会第四次会议通过，自 1987 年 1 月 1 日起施行，于 2009 年 8 月 27 日修正。共 9 章 156 条。2017 年 3 月 15 日第十二届全国人民代表大会第五次会议通过《中华人民共和国民法总则》。《中华人民共和国民法通则》《中华人民共和国民法总则》是对民事活动中一些共同性问题所作的法律规定，是民法体系中的一般法。

中华人民共和国合同

《中华人民共和国合同法》经 1999 年 3 月 15 日第九届全国人民代表大会第二次会议通过，自 1999 年 10 月 1 日起施行。共 23 章 428 条。《中华人民共和国合同法》除了所有合同共同适用的总则内容，还有专门一章"供用电、水、气、热力合同"，以供用电合同为例，规定了合同主要条款、履行地、安全供电义务、中断供电的通知义务、不可抗力断电的抢修义务、用电人交付电费和安全用电义务等内容。

中华人民共和国物权法

《中华人民共和国物权法》经 2007 年 3 月 16 日第十届全国人民代表大会第五次会议通过，自 2007 年 10 月 1 日起施行。共 19 章 247 条。

中华人民共和国侵权责任法

《中华人民共和国侵权责任法》经 2009 年 12 月 26 日第十一届全国人民代表大会常务委员会第十二次会议通过，自 2010 年 7 月 1 日起施行。共 12 章 92 条。《中华人民共和国侵权责任法》中除了侵权责任的一般规定外，环境污染责任、高度危险作业的无过错责任等与供电企业密切相关。

中华人民共和国担保法

《中华人民共和国担保法》经 1995 年 6 月 30 日第八届全国人民代表

大会常务委员会第十四次会议通过，自 1995 年 10 月 1 日起施行。共 7 章 96 条。关于保证、抵押、质押等内容与营销业务中的电费风险防范有关。

中华人民共和国消费者权益保护法

《中华人民共和国消费者权益保护法》经 1993 年 10 月 31 日第八届全国人民代表大会常务委员会第四次会议通过，自 1994 年 1 月 1 日起施行。于 2009 年 8 月 27 日、2013 年 10 月 25 日经两次修正。共 8 章 63 条。电力作为一种特殊商品，电力客户也是消费者，电力营销活动适用《消费者权益保护法》的相关规定。

中华人民共和国反垄断法

《中华人民共和国反垄断法》经 2007 年 8 月 30 日第十届全国人民代表大会常务委员会第二十九次会议通过，自 2008 年 8 月 1 日起施行。共 8 章 57 条。供电企业在市场竞争、经营活动中适用《中华人民共和国反垄断法》的规定。

中华人民共和国计量法

《中华人民共和国计量法》经 1985 年 9 月 6 日第六届全国人民代表大会常务委员会第十二次会议通过，自 1986 年 7 月 1 日起施行，经 2009 年 8 月 27 日、2013 年 12 月 28 日、2015 年 4 月 24 日、2017 年 12 月 27 日四次修正。共 6 章 34 条。规定了计量基准器具、计量标准器具和计量检定、计量器具管理、计量监督、法律责任等内容。

二、行政法规

电力供应与使用条例

《电力供应与使用条例》根据《电力法》制订，经 1996 年 4 月 17 日国务院令第 196 号发布，于 2016 年 2 月 6 日修订，共 9 章 45 条。《电力供应与使用条例》是电力营销工作的重要指引，规定了供电营业区、电力供应、电力使用、供用电合同、违约用电法律责任等内容，是《供电营业规则》的重要制订依据。

电力设施保护条例

《电力设施保护条例》经 1987 年 9 月 15 日国务院发布，于 1998 年 1 月 7 日、2011 年 1 月 8 日经两次修订，共 6 章 32 条。《电力设施保护条例》规定，电力设施保护实行电力管理部门、公安部门、供电企业和人民群众相结合的原则，任何单位和个人都有保护电力设施的义务。该条例也是供电企业开展电力基础建设、规范供用电管理、维护供用电秩序等工作的重要法律法规。

电网调度管理条例

《电网调度管理条例》经 1993 年 6 月 29 日国务院令第 115 号发布，于 2011 年 1 月 8 日修订，共 8 章 33 条。《电网调度管理条例》规定电网运行应实行统一调度、分级管理，发电、供电、用电单位以及其他有关单位和个人必须遵守本条例。

电力监管条例

《电力监管条例》经 2005 年 2 月 2 日国务院令第 432 号公布，自 2005 年 5 月 1 日起施行，共 6 章 37 条。主要内容包括电力监管机构的设置、监管机构的职责、监管措施、监管机构及其工作人员的行为规范，以及相关的法律责任等。

三、部门规章

电力设施保护条例实施细则

《电力设施保护条例实施细则》经 1992 年 12 月 2 日能源部、公安部发布，于 1999 年 3 月 18 日、2011 年 6 月 30 日经两次修改。共 23 条。是《电力设施保护条例》相关条款的具体细化。

供电营业规则

《供电营业规则》经 1996 年 10 月 8 日电力工业部令第 8 号发布。共 10 章 107 条。包括受电设施的建设和维护管理、供电质量和供电安全，电网的建设、用电的计量和电费的计算与收取，供用电合同的具体事项以及违约责任等。该规则是电力营销专业办理业务的主要依据，但是部分条款已不适应市场经济特别是电力体制改革的需要，如对暂停用电次数的限制、减容期限的限制等，需要尽快修改完善。

电网调度管理条例实施办法

《电网调度管理条例实施办法》经 1994 年 10 月 11 日电力工业部令第 3 号公布。共 6 章 37 条。根据《电网调度管理条例》制定，是《电网调度管理条例》相关条款的具体细化。

供用电监督管理办法

《供用电监督管理办法》经 1996 年 5 月 19 日电力工业部令第 4 号发布，于 2011 年 6 月 30 日修改。共 6 章 30 条。主要适用从事供用电监督管理的机构和人员。

供电监管办法

《供电监管办法》经 2009 年 11 月 20 日国家电力监管委员会令第 27 号公布。共 5 章 40 条。

承装（修、试）电力设施许可证管理办法

《承装（修、试）电力设施许可证管理办法》经 2005 年 1 月 5 日国家电力监管委员会第 6 号令发布，于 2009 年 12 月 18 日修订。共 7 章 48 条。根据《电力供应与使用条例》《电力监管条例》制定，规定了承装（修、试）电力设施许可证的申请、受理、审查、颁发、管理和监督等内容。

四、规范性文件

有序放开配电网业务管理办法

《有序放开配电网业务管理办法》（发改经体〔2016〕2120 号）于 2016 年 10 月 8 日发布实施，有效期 3 年，共 5 章 26 条。

售电公司准入与退出管理办法

《售电公司准入与退出管理办法》（发改经体〔2016〕2120 号）于 2016 年 10 月 8 日发布实施，有效期 3 年，共 7 章 31 条。适用于售电公司准入与退出以及信用体系建设等。

供电企业信息公开实施办法

《供电企业信息公开实施办法》（国能监管〔2014〕149 号）于 2014 年 3 月 10 日发布实施。共 18 条。根据《政府信息公开条例》《电力监管条例》和《电力企业信息披露规定》制定，规定了供电企业主动公开的信息和依申请公开的信息，公开方式，国务院能源主管部门及其派出机构对供电企业信息公开的监督、评议和考核等内容。

后　　记

　　遵守刑法是每个人的行为底线，更是供电企业人的职业生涯高压线。一直想出这样一本警示录。经过近半年的努力，终于能和读者见面了。

　　感谢国网浙江电力王重阳先生一直以来的关心、支持和鼓励。王老师是位有家国情怀的电力法律人，出版过法律专著《电力法治焦点难点探析》，主编的《电力常用法律法规选编》已二版印刷，文学专著《姓王的樱桃树》也深受读者的喜爱。其治学、为人文中带刚，有知识分子的坚持和法律人的忧患意识，更有对社会、对企业发展的美好愿望，在电力法律界很有威望。王老师审阅了本书的初稿，提出了不少意见，一并表示感谢！

　　感谢国网湖南电力的吴德松先生为本书审稿。吴老师在案例选取、行文方式等方面提出了很好的建议，并且在供电企业员工的身份性质、电力设施保护距离与设计安全距离的关系等方面指正了编者的模糊认识，专精覃思的专业素养值得敬佩。该书出版之际欣闻王老师获首届"湖南省优秀公司律师"荣誉称号，且是省直单位唯一入选。名至实归，可喜可贺！

　　感谢我的同事袁忠华、徐建平先生在本书成稿过程中主动分担工作任务。感谢浙江大学的陈浩楠和王成悦同学在本书编校过程中付出的辛苦劳动。编写本书借鉴了相关专著的观点，得到了同事们的指导和帮助，得到了领导、同事和家人的理解与支持，借此机会一并表示感谢。